Two-Pillar Framework of Monetary Policy and Macroprudential Policy: Practices, Strategies and Effectiveness

货币政策和宏观审慎政策双支柱调控框架：实践、策略与有效性分析

温信祥　陆挺等◎著

中国金融出版社

责任编辑：陈　翎
责任校对：潘　洁
责任印制：张也男

图书在版编目（CIP）数据

货币政策和宏观审慎政策双支柱调控框架：实践、策略与有效性分析/温信祥等著．—北京：中国金融出版社，2022．11
ISBN 978－7－5220－1692－4

Ⅰ．①货…　Ⅱ．①温…　Ⅲ．①货币政策—研究—中国　Ⅳ．①F822．0

中国版本图书馆CIP数据核字（2022）第119082号

货币政策和宏观审慎政策双支柱调控框架：实践、策略与有效性分析
HUOBI ZHENGCE HE HONGGUAN SHENSHEN ZHENGCE SHUANGZHIZHU TIAOKONG KUANGJIA：SHIJIAN，CELUE YU YOUXIAOXING FENXI

出版发行　中国金融出版社
社址　北京市丰台区益泽路2号
市场开发部　（010）66024766，63805472，63439533（传真）
网上书店　www.cfph.cn
　　　　　（010）66024766，63372837（传真）
读者服务部　（010）66070833，62568380
邮编　100071
经销　新华书店
印刷　河北松源印刷有限公司
尺寸　169毫米×239毫米
印张　8.75
字数　110千
版次　2022年11月第1版
印次　2022年11月第1次印刷
定价　58.00元
ISBN 978－7－5220－1692－4

序　言

2008年的国际金融危机触发了中央银行政策框架的变革。危机之前，中央银行更多关注币值稳定，并以此促进经济增长和增加就业。以货币政策为核心的央行政策框架，主要关注通货膨胀和实体经济。毋庸讳言，这一政策框架发挥了良好作用，助力全球进入高增长低通胀的大缓和时期。2008年国际金融危机爆发，在政策利率降至零下界后，央行被迫动用非常规货币政策和金融监管政策来应对危机并走出危机。在反思危机和总结教训的过程中，各国央行认识到仅仅依靠货币政策工具和微观审慎监管难以防范金融危机，也无法兼顾经济周期和金融周期调控，因而开始提出要加强宏观审慎监管，更加关注金融周期和金融稳定，关注金融体系对经济的影响，出现了将货币政策与宏观审慎政策更紧密融合的趋势。譬如英国等发达经济体探索建立了货币政策与宏观审慎政策协调配合的有效机制安排。

改革开放以来中国遭遇和处置了多次金融风险。在此过程中比较早地对宏观审慎政策与货币政策的配合进行了一些探索，最具代表性的是在金融调控中使用房地产信贷政策工具、资本跨境流动监管工具等。2015年在周小川行长指导下，人民银行货币政策司探索进一步完善宏观审慎政策框架，将2011年实施的差别准备金动态调整机制“升级”为宏观审慎评估体系（MPA），在保持对宏观审慎资本充足率核心关注的基础上，将单一指标拓展为包括资本和杠杆、资产负债、流动性、定价行为、资产质量、跨境融资风险、信贷政策执行七个方面十多项指标，兼顾量和价、间接融资和直接融资，由事前引导转为事中监测和事后评估，建立了更为全面、更有弹性的宏观审慎政策框架，引导金融机构加强自我约束和自律管理。经过几年的实践，2017年，党的十九大报告明确提出，健全货币政策与宏观审慎政策双支柱调控框架。双支柱政策框架有助于在保持币值稳定的同时促进金融稳定，提高金融调控的有效性，防范系统性金融风险。这是在总结国际金融危机教训的基础上，结合我国国情和实践提出的政策框架，也是我们坚持走中国特色金融道路的生动案例。

我国货币政策与宏观审慎政策双支柱框架的提出与建立，为国际社会提供了有益参考，未来还需要在扎实理论分析的基础上继续进行深入探索和实践。目前，国内外关于货币政策与宏观审慎政策协调配合的研究多为定性分析或对现有实践经验的归纳总结，缺乏必要的理论模型支持和实证检验。为此，2018年中国金融论坛设立了相关课题，并由中国金融论坛成员、时任央行货币政策委员会秘书长温信祥（他同时也是2015年设计MPA框架的参与者）牵头成立课题组，组织央行货币政策方面的业务骨干，联合中国金融论坛成员、时任华泰证券首席经济学家的陆挺及其团队，对相关问题进行研究，并于当年顺利完成课题报告。为扩大研究成果运用，2021年研究团队对课题报告进行了更新，结集成书。本书结构如下：开篇为引言；第一章对宏观审慎政策与货币政策协调配合的必要性、可行性和有效性进行文献综述；第二章主要介绍危机以来国际上关于加强货币政策与宏观审慎政策协调配合的实践做法，阐述我国建立货币政策与宏观审慎政策双支柱调控框架的思想与实践探索；第三章则在借鉴以往研究模型的基础上，构建了我国货币政策与宏观审慎政策协调配合的DSGE模型，探讨政策协调的可行性与最佳策略；第四章以近年来我国创设和使用的几类宏观审慎政策工具为观察点，对宏观审慎政策与货币政策协调配合的有效性进行实证检验；第五章对全书进行了归纳总结，并对健全货币政策与宏观审慎政策双支柱框架提出了诸多有益的政策建议。

本书有不少创新之处，譬如将金融服务实体经济作为研究的出发点和落脚点，研究了货币政策与宏观审慎政策配合的微观机理，对我国的货币政策和宏观审慎政策配合实践进行了实证检验，并得出了一些有现实指导意义的结论。当前全球金融在经历了新一轮扩张后又进入了波动阶段，如何加强政策协调并防范系统性金融风险，也是政策部门面临的首要任务。本书在这方面具有一定的政策参考价值。同时也要看到，构建货币政策和宏观审慎政策双支柱框架，是国际金融危机以来才真正开始启动的一项全新探索，许多理论和实践问题还需要我们作进一步深入研究和探索。譬如，在理论研究方面，有观点将货币政策和宏观审慎视为互相替代的关系，但也有一些观点认为这是同时踩“油门”和“刹车”。折中观点则认为，两者是互补还是替代关系，依赖于经济运行状况等条件。再譬如，实证研究方面，两类政策共同作用于宏观经济和金融所产生的内生性等问题，也需要进一步研究。

终日乾乾，与时偕行。期待本书作者在金融理论与实践领域不间断地深入探索，书写中国特色金融发展之路新篇章。

张晓慧

2022 年 8 月 8 日

内容摘要

2008年国际金融危机以来，全球出现了将货币政策与宏观审慎政策更紧密融合的趋势，英国等一些经济体探索建立了货币政策与宏观审慎政策协调配合的有效机制安排。中国在宏观审慎政策方面探索较早，国际金融危机以前在金融调控中使用的窗口指导、房地产信贷政策等就已经具有宏观审慎政策的雏形。此次危机以来，总结思考发达经济体教训并结合内部国情，中国政府及其金融监管机构对宏观审慎政策进行了全面深入的研究和探索，明确提出并构建了货币政策与宏观审慎政策双支柱调控框架，力求在保持币值稳定的同时促进金融稳定。中国双支柱调控框架的提出和建立，是货币政策与宏观审慎政策协调配合的理论升华和实践创新，具有重要的理论和现实意义，为全球提供了有价值的宏观调控实践经验。

与实践领域的积极探索相比，国内外关于货币政策与宏观审慎政策协调配合的研究并不深入，多为定性分析或对现有实践经验的归纳总结，缺乏必要的理论模型支持和实证检验。而我国货币政策与宏观审慎政策双支柱框架的提出与建立，在为国际社会提供有益参考的同时，也需要在扎实理论分析的基础上继续进行深入探索和实践。鉴于此，本书在对宏观审慎政策与货币政策协调配合的必要性、可行性和有效性进行文献综述的基础上，通过建立动态随机一般均衡模型（DSGE），并对其作脉冲响应和福利损失分析，探讨了货币政策与宏观审慎政策协调的可行性与最佳策略。同时，以近年来我国创设和使用的几类宏观审慎工具为切入点，对货币政策和宏观审慎政策配合实践进行了实证检验。

通过分析研究，本书得出以下几个主要结论：一是货币政策与宏观审慎政策需加强协调配合。货币政策与宏观审慎政策都具有宏观管理的属性，且物价与资产价格往往存在较强的互动联系，货币政策与宏观审慎政策实际上很难完全分离，单靠任何一个政策可能都难以真正达成其政策目标。二是中央银行应在双支柱框架建设中扮演关键角色。宏观审慎政策在本质上属于宏观经济管理和维护金融稳定的范畴，应由央行统筹负责。实践中，各主要经济体的央行均在货币政策和宏观审慎政策框架中扮演着重要角色。三是需根据不同情景采取相应的货币政策与宏观审慎政策工具组合。当遇到技术冲击时，使用利率政策与企业贷款价值比的组合更加有效；而遇到银行资本冲击时，采用利率政策与资本充足率要求工具相配合，能够起到更好的效果；当冲击主要来自于房地产需求时，则可考虑使用利率政策与居民贷款价值比的政策组合。四是中国在探索构建双支柱框架方面取得了较好效果。基于已有实践的实证分析显示，差别存款准备金动态调整机制和存款准备金政策对银行信贷增速均有显著的逆周期调节作用，两个政策配合使用，逆周期调节银行信贷的效果更加明显；房地产市场贷款价值比和利率对房价都有显著的调控效果；利率政策与境外金融机构境内存款准备金政策对抑制短期资本流出作用显著。

当然，构建货币政策和宏观审慎政策双支柱框架是国际金融危机以来才真正开始启动的一项全新探索，国际上尚未形成成熟的理论和实践经验。这方面中国实际上已经走在了世界前列，因此有必要梳理总结有价值的中国经验。同时我们也应看到，我国的宏观审慎政策本身，及其与货币政策的协调配合还存在一些不足，这也需要我们作进一步深入研究和探索。基于本书研究发现，我们提出五条建议：一是深化金融管理体制改革，为健全双支柱调控框架提供制度保障。应加快推动相关立法，以法律形式明确建立负责宏观审慎政策等各职能部门的职责分配、监管效力秩序及信息采集、共享等问题，并赋予央行必要的宏观审慎管理指令权，推动双支柱政策框架落到实处。二是推动货币政策转向以价格稳定为主要目标，从而更好地与以金融稳定为目标的宏观审慎政策相配合。完善货币政策调控框架，强化价格型调控与传导，健全目标利率与利率走廊机制，深化利率和汇率市场化改革，进一步疏通货币政策传导渠道，发挥价格杠杆在优化资源配置中的作用。三是进一步健全宏观审慎管理体系，切实维护金融稳定。将更多金融活动纳入宏观审慎管理；加强系统重要性金融机构的识别和监管，有效维护金融体系稳定；丰富和完善宏观审慎政策工具；适当减少金融体系的关联度。此外，加快完善相关配套措施，为强化宏观审慎管理提供保障。四是加强经济金融形势分析判断，利用双支柱政策框架有效实施逆周期调控。既分别使用两项政策聚焦自身主要目标进行逆周期调控，又将两者有效配合起来，处理好促进经济高质量发展和维护金融稳定的关系，增强金融宏观调控的有效性，形成经济与金融良性互动的局面。五是建立健全金融机构风险处置机制，有效应对可能出现的风险事件。为减少对公共资金救助的依赖，防范道德风险，金融机构倒闭的损失应首先由股东及无担保债权人承担，其次考虑行业积累形成的各类保障基金介入，必要时再由中央银行综合考虑货币政策及宏观审慎政策实施需要，作为“最后贷款人”提供援助，以及财政部门使用公共资金对问题机构提供注资，以维护金融体系的系统性稳定。

关键词：宏观审慎政策；货币政策；双支柱调控框架；有效性

Key Words：Macroprudential Policy；Monetary Policy；Two – Pillar Framework；Effectiveness

目　录

图表目录

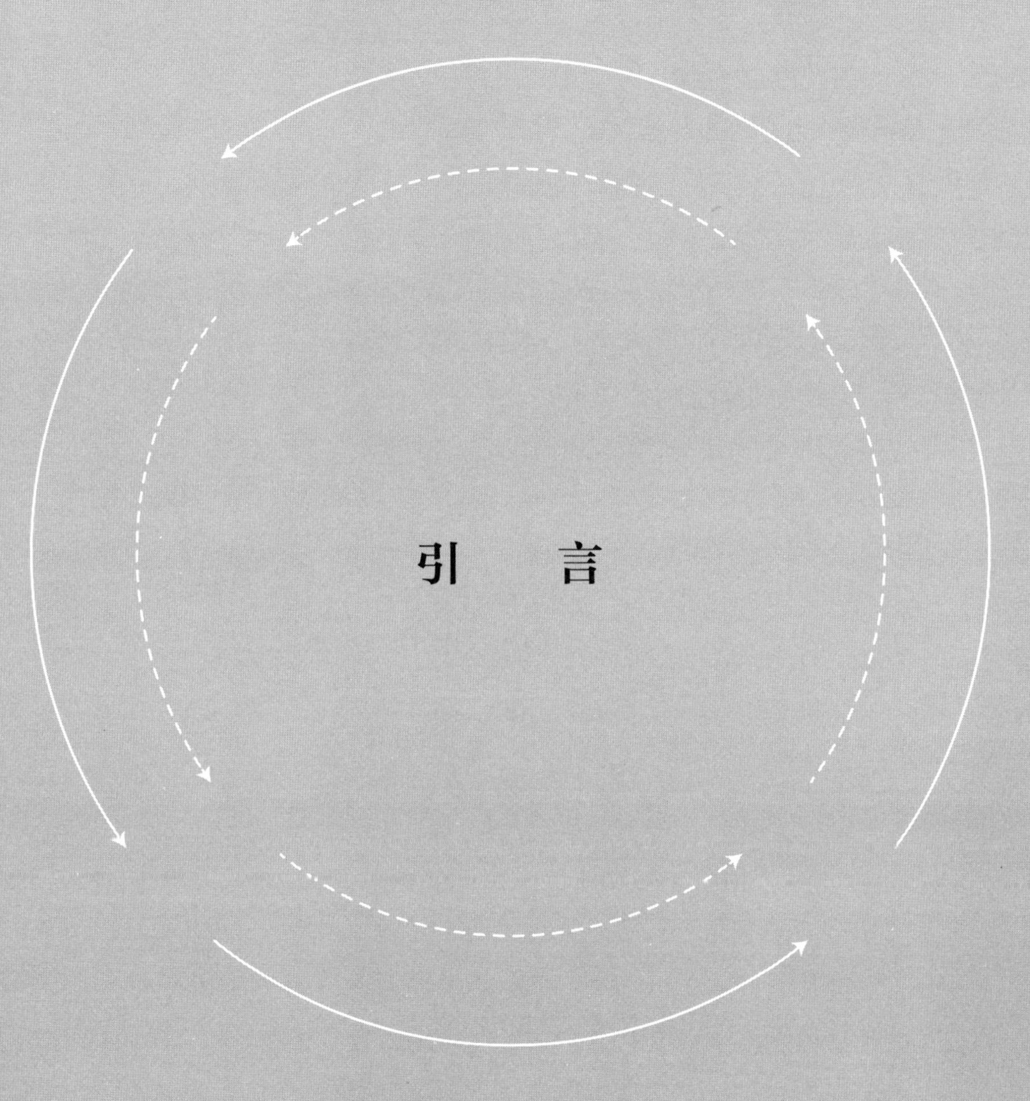

引　　言

长期以来，货币政策作为主要宏观调控政策，主要针对实体经济基本面和总量问题，通过保持物价稳定、熨平经济周期波动，防止经济大起大落，促进实体经济平稳健康发展。但 2008 年国际金融危机表明，物价稳定不等于金融稳定，金融体系不能脱离实体经济运行，因此强化宏观审慎政策成为全球宏观调控体制机制改革的核心内容。主要经济体都进行了探索和实践，从宏观、逆周期的角度出发，采取有效工具和措施缓解和抑制顺周期、跨市场的风险传播，避免发生系统性金融风险，降低金融体系波动可能造成的宏观经济成本，本质上落脚于金融服务实体经济的连续性、稳定性和可持续性。

货币政策和宏观审慎政策尽管有各自的政策目标和重点，但两者之间相互交织、相互影响，最终共同作用于金融服务实体经济这一出发点和落脚点，以期跨越经济和金融周期实现币值稳定和金融稳定的“双目标”。一方面，宏观审慎政策会对银行信贷增长、资产价格变动、金融机构风险承担等方面产生较大影响，通过保持信贷增长与实体经济相适应，避免过快加杠杆，防范发生系统性金融风险，避免资产泡沫膨胀和破灭制约实体经济发展，促进经济金融形成良性循环。另一方面，货币政策也会对金融稳定产生影响，过度宽松的货币政策往往被视为推升债务率和资产泡沫、滋生金融风险的“温床”，金融机构在宽松货币政策时扩张幅度越大，当面临政策调整转向时，也将出现越严峻的收缩压力，容易成为触发金融风险的导火索。

鉴于此，近年来全球出现了货币政策与宏观审慎政策更紧密融合的趋势。实践中，一些央行开始采用金融稳定 + 价格稳定“双目标”或货币政策 + 宏观审慎政策双支柱的提法；还有一些央行虽然没有明确提出双支柱框架，但在治理架构等方面建立了货币政策与宏观审慎政策协调配合的有效机制安排。理论方面，针对货币政策 + 宏观审慎政策协调配合，实现价格稳定 + 金融稳定“双目标”的研究也明显增多。

中国历来重视金融和实体经济的紧密联系，强调金融有效支持和服务实体经济。习近平总书记强调："金融要为实体经济服务，满足经济社会发展和人民群众需要。金融活，经济活；金融稳，经济稳。经济兴，金融兴；经济强，金融强。经济是肌体，金融是血脉，两者共生共荣。"中国在宏观审慎政策方面探索较早。2008 年国际金融危机以前，在国内出现信贷过热、过度加杠杆等金融风险征兆时，采取过窗口指导、房地产信贷政策等措施进行调控，这些工具都具有宏观审慎政策的雏形，及时抑制了金融风险进一步滋生，促进金融回归服务实体经济本源。比如，2003 年房地产价格快速上涨，2004 年固定资产投资旺盛、信贷增长偏快，2007 年银行体系流动性过剩、股市冲高，当这些现象出现时，人民银行在党中央、国务院的领导下，都及时采取了一些措施进行引导和调控，体现了防范系统性金融风险的宏观审慎政策思路。2008 年国际金融危机以来，参考借鉴国际货币基金组织（IMF）、国际清算银行（BIS）、金融稳定理事会（FSB）等国际组织对危机教训的反思和总结，特别是关于针对性解决微观稳定不等于宏观稳定的"合成谬误"、金融机构相互关联和金融风险传染性、系统重要性金融机构"大而不能倒"等问题的宏观审慎政策共识，中国结合内部国情，在宏观审慎政策框架建设方面进行了全面深入的研究和探索。党的十九大报告明确提出，要健全货币政策与宏观审慎政策双支柱调控框架。要求在保持币值稳定的同时促进金融稳定，提高金融调控的有效性，防范系统性金融风险，切实维护宏观经济稳定和国家金融安全。我国双支柱调控框架的提出和建立，具有重要的理论和现实意义，相关探索与创新在国际上也走在前列，为全球提供了有价值的宏观调控实践经验。

近年来，在金融创新深化背景下，建立和完善宏观审慎政策框架的紧迫性和重要性进一步提升。随着金融市场发展和金融创新深化，金融在资源配置、风险管理、公司治理、动员储蓄、信息发现及支付清算促进交易等方面明显提高了服务实体经济的效率，但同时金融体系内部的复杂性、关联性也不断提升，需要完善金融调控框架，将防控金融风险放在更加突出的位置，推动经济金融形成良性循环，让金融体系通过帮助实体经济发展壮大实现共生共荣，而不是只关注赚取市场波动（市场交易者博弈）或者透支实体经济未来的收益。值得注意的是，仅靠货币政策“单打独斗”既无法有效抑制债务顺周期扩张和资产泡沫，也很难做好系统重要性金融机构监管，防范和化解金融风险。同样，金融有效服务实体经济，维护金融稳定，也不能仅仅靠宏观审慎政策，还需要货币政策在宏观上稳住金融体系，在推动经济高质量发展中化解金融风险。通过在宏观经济调控中引入“第二支柱”宏观审慎政策，与货币政策相互补充，能够更好地服务实体经济和维护金融稳定，牢牢守住不发生系统性金融风险的底线，也有助于实现稳增长和防风险的长期均衡。

从中国政策实践看，通过货币政策与宏观审慎政策的有效协调配合，取得了较好的调控效果。在党中央、国务院领导下，面对复杂严峻的国内外宏观经济金融形势，中国过去几年在保持物价稳定、促进经济增长的同时，推动防范化解重大金融风险攻坚战取得了重要成效，有效稳定了杠杆水平，各领域金融风险已出现收敛趋势，守住了不发生系统性金融风险的底线，金融服务实体经济的质量和效益持续改善。正如周小川（2021）所指出的，中国金融体系高度重视服务实体经济，避免了类似国际金融危机的“摔大跟头”，使得过去十多年来我国经济保持中高速的平稳增长，与美国之间的差距持续缩小。

当今世界正处于百年未有之大变局，“东升西降”是大变局发展的主要方向，全球保护主义上升、世界经济低迷，中国发展将面临更为复杂的外部环境。同时，中国已经进入新发展阶段，处在大国经济发展的重要关口，但发展不平衡不充分问题仍然突出，结构转换的复杂性上升，地方政府隐性债务、房地产领域、地方高风险金融机构等存量风险仍在显露，化解各类风险的任务仍不宜掉以轻心，必须标本兼治、对症下药，坚持金融有效服务实体经济的本源，防范化解金融风险。在这样的大背景下，党中央提出构建以国内大循环为主体、国内国际双循环相互促进的新发展格局，宏观经济金融调控要从全局和战略高度主动适应变化，通过健全货币政策与宏观审慎政策的双支柱调控框架，管住货币总闸门，防范和化解系统性金融风险，为加快构建新发展格局提供战略支撑。

也要看到，与实践领域积极探索相比，国内外关于货币政策与宏观审慎政策协调配合的研究并不深入。一方面，虽然自 2008 年国际金融危机以来，国内外出现了不少关于宏观审慎政策目标、工具、传导和效果的理论研究，同时对于货币政策调控的微观基础认识也较之前更为深刻、丰富，但关于货币政策与宏观审慎政策协调配合的研究，多为定性分析或对现有实践经验的归纳总结，从理论模型和实证检验的维度深入研究两者协调配合问题仍有相当大的空间。另一方面，我国货币政策与宏观审慎政策双支柱框架的提出与建立，在为国际社会提供有益参考的同时，也需要在进行扎实理论研究梳理后继续进行深入探索和实践，以更加适应新发展阶段推动经济高质量发展的需要，推动金融更好服务实体经济。

鉴于此，有必要基于我国目前双支柱框架的治理架构和工具储备，通过建立一般均衡模型对货币政策与宏观审慎政策协调配合的可能性和策略选择等进行探讨，同时结合近年来创设和使用的宏观审慎政策工具实践情况，对货币政策和宏观审慎政策双支柱调控框架的有效性进行分析和检验。

本研究的主要创新之处在于：一是把金融服务实体经济作为研究的出发点和落脚点，从金融服务实体经济的本源出发，对关于货币政策与宏观审慎政策协调配合的必要性、可行性、有效性以及双支柱调控框架进行了系统的梳理。现有关于货币政策与宏观审慎政策配合的研究，多以金融稳定作为切入口，比如说，认为货币政策在稳增长和防风险之间存在两难，同时货币政策应对局部领域、结构性的金融风险也会造成宏观经济的不稳定，因此需要宏观审慎政策配合。但应当看到，从金融服务实体经济的本源出发，实体经济健康发展是金融稳定的基础，因此要坚持在推动高质量发展中防范化解风险，同时防止发生系统性金融风险，这是保持金融对实体经济支持力度稳固的根本条件。从这个角度看，服务实体经济是防范金融风险的根本举措，也是货币政策与宏观审慎政策配合的关键切入口。

二是研究货币政策与宏观审慎政策配合的微观机理。宏观审慎政策实施会通过影响信贷供求，进而影响宏观经济的均衡水平和货币政策传导效果，因此需要为货币政策和宏观审慎政策的配合构建微观理论基础。通过建立动态随机一般均衡模型（DSGE）并对其作脉冲响应和福利损失分析，探讨两大政策协调的可行性与最佳策略。当遇到技术冲击时，使用利率政策与企业贷款价值比的组合更加有效；而遇到银行资本冲击时，采用利率政策与资本充足率要求工具相配合，能够起到更好的效果；当冲击主要来自于房地产需求时，则应考虑使用利率政策与居民贷款价值比的政策组合。

三是对我国的货币政策和宏观审慎政策配合实践进行了实证检验。应当看到，相比货币政策研究，对于宏观审慎政策的理论模型研究尚处于起步阶段，而宏观审慎政策工具的出台和实施主要集中在2008 年国际金融危机后，且近年来才逐步成为标准的政策工具。这些工具范围也较为多样化，对银行资本、流动性、房地产、外汇市场、跨境资本流动等方面都有相应的宏观审慎政策工具，因此，有必要对现有主要的一些宏观审慎政策工具对一系列政策目标的影响，以及与货币政策的相互作用进行实证分析，以更好地为健全货币政策和宏观审慎政策双支柱政策框架提供支持。实证分析显示，差别存款准备金动态调整机制和存款准备金政策对银行信贷增速均有显著的逆周期调节作用；房地产市场贷款价值比和利率对房价都有显著的调控效果；利率政策与境外金融机构境内存款准备金政策对抑制短期资本流出作用显著，中国在探索构建双支柱框架方面取得了较好成效。

本课题的基本研究结构如下：第一章对宏观审慎政策与货币政策协调配合的必要性、可行性和有效性进行文献综述；第二章介绍2008年国际金融危机以来国际上关于加强货币政策与宏观审慎政策协调配合的实践做法，阐述我国建立货币政策与宏观审慎政策双支柱调控框架的思想与实践探索；第三章在借鉴以往研究模型的基础上，构建我国货币政策与宏观审慎政策协调配合的 DSGE 模型，探讨政策协调的可行性与最佳策略；第四章以近年来我国创设和使用的几类宏观审慎政策工具为观察点，对宏观审慎政策与货币政策协调配合的有效性进行实证检验；第五章归纳总结研究发现，并对健全货币政策与宏观审慎政策双支柱框架提出政策建议。

第一章　关于货币政策与宏观审慎政策协调配合的文献综述

通常历史上每一次全球性或区域性金融危机的爆发都会引发学术界和政策界对货币政策与金融监管体制的广泛讨论与深入反思。2008年国际金融危机之后，各界越来越多地意识到，个体稳健不等于整体稳健，金融体系顺周期性质与系统重要性金融机构“大而不能倒”特征所带来的金融风险无法通过传统的货币政策与微观审慎监管政策来完全化解。金融不稳定必然会对经济和物价的稳定产生不利影响，然而货币政策在维护金融稳定方面存在较大局限性，宏观审慎政策的引入旨在弥补传统货币政策在维护金融稳定方面的不足，从宏观层面防止金融运行脱离实体经济，隐含着促进金融更好地服务实体经济的要求。

应当看到，货币政策和宏观审慎政策在实施过程中存在着相当程度的交织影响（Blanchard，2010）：一方面，政策利率的调整可能影响金融市场主体的行为，鼓励或抑制其风险偏好，进而影响金融稳定。另一方面，宏观审慎政策也可能通过影响金融机构信贷成本和意愿，作用于货币信贷增长和总需求，进而影响货币政策的效果。例如，国际金融危机后部分发达经济体监管当局不断提高银行的资本监管要求，而可能在一定程度上抵销了央行扩张性货币政策的刺激效果。鉴于此，近年来在探索完善宏观审慎政策框架的同时，业界和学界也在研究货币政策和宏观审慎政策的协调配合问题，以下将着重从金融服务实体经济的角度对两者协调配合的必要性、可行性、有效性和政策框架进行讨论和梳理。

◎ 一、货币政策与宏观审慎政策协调配合的必要性

货币政策和宏观审慎政策既会通过利率、信贷和资产价格等渠道

影响实体经济活动，也会通过居民、企业和金融机构的资产负债表等渠道影响不同经济部门的财务状况，且二者之间有较为复杂的交互作用和溢出效应。因此，在政策制定过程中从效用最大化的角度，应通盘考虑和权衡货币政策与宏观审慎政策的目标，内生化最优的政策组合，强化两者之间的协调与配合，消除政策之间的潜在冲突与扭曲，从而增强政策效果并实现全局最优。

从事前治理角度看，仅靠货币政策来维护金融稳定，容易造成较大的实体经济成本，且政策目标之间也存在潜在冲突。虽然过度宽松的货币环境容易滋生金融风险，但货币政策作为总量性政策并不能有针对性地解决特定市场的金融风险，尤其是一些“大而不能倒”、微观审慎导致宏观不审慎等外部性问题，而且较大力度的货币政策紧缩即使抑制了金融风险的扩张，但其代价往往是严重的产出和就业损失，得不偿失（张斌，2020）。Svensson（2014）以瑞典央行的逆周期调控政策为例，发现逆风而行的货币政策在抑制房地产泡沫方面效果有限，且容易带来较大的通缩及产出损失成本。Svensson（2017）进一步指出，如果金融危机没有发生，“逆风而行”的一个明显成本是经济疲软，而可能的收益是较低的概率和较小的危机程度；但如果发生危机，则还会造成更为严重的经济疲弱，从代表性经理人的模型估计看，成本大大超过了收益。Galí（2014）认为，用利率政策来应对泡沫，尽管能抑制泡沫的膨胀速度，但也会增加实体经济成本，甚至产生通缩压力，成本大于其收益。孙丹和李宏瑾（2017）的研究说明货币政策作为总量型调控手段，能够通过对利率及货币供应量的控制而影响金融机构的流动性，但是其风险管控的作用相对有限。张晓慧（2017）指出，货币政策对于经济顺周期行为以及金融机构之间信用联结的调控能力不足，在平抑金融周期与防范金融风险方面作用相对有限。从国际经验看，加拿大、瑞士、英国等少数国家提出愿意在极端情况下使用货币政策解决金融稳定问题，但基本都认为宏观审慎政策是追求金融稳定的主要手段（Yellon，2014）。

当然也要看到，宏观审慎政策通过影响信贷，也会对经济增长造成影响。Kim 和 Mehrotra（2018）基于亚洲国家使用宏观审慎政策对实体经济影响的证据，发现宏观审慎政策也会对 GDP 造成负面影响。Cozzi 等（2020）运用欧洲央行的一系列宏观经济模型考察了宏观审慎政策和货币政策的相互作用，发现从长期看银行资本要求增加 1 个百分点对 GDP 的影响很小，但短期内会导致 GDP 下降 0.15% ~ 0.35%，而在货币政策的配合对冲下，可以将影响降至 0.05% ~ 0.25%。同时，资本要求和宏观审慎政策实施也会影响货币政策传导机制，较低的银行资本水平会增加经济面对冲击的脆弱性，但也增加了货币政策抵消冲击的能力，宏观审慎政策通过降低金融危机发生的频率和严重程度，减少了对极度宽松货币政策和极低利率条件的依赖，但也会降低正常时期的实际中性利率水平。Bedayo 等（2020）基于西班牙长期历史数据，也发现收紧宏观审慎政策工具会拖累 GDP 增长。然而，若货币政策放任资产泡沫膨胀，又容易积累系统性金融风险，从而拖累中长期经济平稳增长。为了更好地把握经济增长与风险的平衡，国际货币基金组织在 2017 年《全球金融稳定报告》中提出了在险经济增长（Growth at Risk）的指标，用于衡量不同概率分布下的经济增速，发现宽松的金融条件在短期内能够刺激经济增长并降低经济波动，但由于不断积累的内生脆弱性，又会导致经济增长的中期波动加大（Adrian 等，2019；张晓晶和刘磊，2021）。从这个角度理解，宏观审慎政策的关键作用类似于一个保险，降低了 GDP 增速分布的下行尾部风险。Galán（2020）指出，宏观审慎政策对降低 GDP 下行风险的正面影响总体大于负面影响，表明从中期看宏观审慎政策为净正面影响，同时由于扩张期间逆周期资本缓冲措施可能需要长达两年的时间才能出现其对在险经济增速的正面影响，这表明需要在周期中尽早实施。

从事后应对角度看，货币政策应对金融风险“治标不治本”，只能短期应急，延后危机的发生，很难直接起到修复金融机构资产负债表的作用，甚至过度宽松的货币政策反而会进一步恶化金融机构资产负债表的质量（Borio，2014）。Bernanke（2010）提出，金融危机期间，美联储使用了自20世纪30年代以来从未使用过的紧急权力，为影子银行体系的关键组成（包括证券经纪商、商业票据市场、货币市场基金和资产支持证券市场）提供流动性，有力应对了危机的冲击。易纲（2019）指出，从中长期看，非常规货币政策工具退出迟滞可能会延缓经济内在的调整进程，加剧结构性问题，近些年主要发达经济体利率下行速度明显快于经济增速和通胀的下行速度，降息和量化宽松政策的效果呈边际递减的态势。周小川（2017）也指出，当金融机构和市场承受风险接近临界点时，各方呼吁增加货币供应以救助，这导致对货币“总闸门”的有效管控受到干扰，容易引致系统性金融风险和宏观杠杆率的进一步积聚和增长。总体而言，若要货币政策维护金融稳定，则需要确保金融稳定与价格稳定等其他政策目标之间不存在任务冲突，并兼顾好短期应急和长期治本之间的平衡，否则会影响货币政策其他目标的实现。

维护金融稳定也不能仅仅依靠宏观审慎政策。有效发挥宏观审慎政策的作用，离不开与货币政策之间的密切配合（Galati 和 Moessner，2018）。从实践经验看，货币政策确实会影响债务率、房价、期限错配等金融稳定条件。Borio 和 Zhu（2012）提出了货币政策的风险承担渠道，强调货币政策通过影响资产价值、融资成本和风险定价等因素，会影响金融机构对风险的感知和容忍度，从而影响金融机构的信贷和投资决策，并最终作用于总产出和金融稳定。风险承担行为既可能发生在金融机构资产端上，体现为高风险资产比重、规模的上升（Delis 和 Kouretas，2011），信贷标准的下降（Maddaloni 和 Peydró，2011；Jiménez 等，2014）；也可能作用在金融机构的负债端，体现为更为脆弱和易受挤兑的批发性负债占比上升（Angeloni 和 Faia，2013），更多的主动负债以承担风险（Dell'Ariccia，2014）。Basten 和 Koch（2015）的研究发现，巴塞尔协议Ⅲ的逆周期资本缓冲并不能有效抑制信贷周期的扩张。尤其是在“面多了加水，水多了加面”的银行扩张模式下，强化银行体系的资本监管，更多的是提高银行经营的稳健程度，并不能够平抑信贷周期的波动（Gambacorta 和 Murcia，2017）。Cohen 和 Scatigna（2016）指出，自国际金融危机以来，银行资本充足率稳步上升，而拥有更高资本充足率、更强盈利能力的银行将更多地扩大贷款，这又会导致宏观杠杆率的进一步攀升。Bianchi 和 Mendoza（2018）发现，通过货币政策确保融资条件的稳定，能够更好地实现宏观审慎政策维护金融稳定的效果。由此可见，宏观审慎政策也需要与货币政策协调配合，才能取得有效防范系统性金融风险的效果。Borio 等（2018）指出，在长期低通胀的背景下，具有断裂性风险的金融失衡亦可能不断积累，宏观审慎政策本身是否足以防止系统性金融风险的形成是有争议的，即使是在积极使用宏观审慎政策的国家，也会出现宏观杠杆率和房地产价格的攀升，需要与货币政策协调配合共同防范和化解金融风险。

金融周期和经济周期的不同步性进一步增强了宏观审慎政策和货币政策协调配合的必要性。Borio（2014）提出了金融周期的概念，强调私营部门债务和资产价格之间的相互循环放大，金融周期和经济周期明显并不同步，金融周期的运行长于经济周期，倘若当实际经济周期发生衰退时，恰好金融周期也处在衰退阶段，那么两个周期就会产生协同效应，加剧经济衰退的程度，这要求货币政策更多地关注经济周期，而平抑金融周期则更多地需要宏观审慎政策来发挥作用。从微观层面看，金融周期的形成一定程度上亦是源于微观不审慎带来宏观审慎的顺周期性和道德风险问题，比如 Adrian 和 Shin（2014）阐述了金融机构使用的风险计量模型与银行委托代理问题所引起的追逐高风险行为共同作用导致债务风险积聚的顺周期性，Bernanke（2010）指出“大而不能倒”的金融机构会弱化市场的约束，倾向冒更大的风险，预期自身失败后会得到援助，这些因素加剧了金融周期的扩张，也相应使得金融周期下行、触发危机时更具破坏力。与此同时，这两个周期之间又存在着相互联系，可以认为金融周期实际上也是经济周期中的一个模块（Borio 等，2018），因此货币政策需要与宏观审慎政策共同配合以熨平金融周期的波动，并以此保持经济的平稳运行。周小川（2011）指出，中央银行应该建立更强的、体现逆周期性的宏观审慎政策体系，用来维护金融稳定和防范系统性金融风险；并且宏观审慎政策应逐步成为各国应对金融风险的核心调控政策。

总体而言，金融稳定是货币政策价格稳定和经济增长目标的补充，稳健的金融体系会促进储蓄和投资的有效配置，进而促进经济稳定，而经济增长、价格稳定有助于化解金融风险、减少金融市场不确定性，进而支持金融稳定。货币政策和宏观审慎政策目标具有互补性，货币政策促进金融稳定存在较大的经济成本，而宏观审慎政策在增强金融体系稳健性的同时，也会带来一定的实体经济成本，因此必须通过协调配合，在经济增长中化解金融风险，在金融稳定中实现平稳发展，平衡好稳增长和防风险的关系。

◎ 二、货币政策与宏观审慎政策协调配合的可行性

货币政策和宏观审慎政策在传导机制上存在一定的相似性，都会对金融中介的风险承担行为产生影响，进而影响金融稳定，因此，不少研究从金融机构行为、金融稳定的角度探讨两者的协调和配合。从理论研究看，如果货币政策不会对金融机构的风险承担状况造成影响，则货币政策和宏观审慎政策并不互补。比如 Ajello 等（2016）在

新凯恩斯主义理论和关键参数估计不确定的框架下，考虑金融危机的严重冲击，贝叶斯决策和稳健的货币当局的最优选择是根据金融状况更积极地调整政策利率。但只要在模型设定上加入货币政策对金融风险的影响机制，则货币政策和宏观审慎政策协调就很容易带来福利效用的改善。Kanan 等（2012）使用 DSGE 模型发现，货币政策对推动信贷增长和房价的加速器机制进行反应有助于宏观经济稳定，同时当经济体面临金融或房地产冲击时，专门设计抑制信贷周期的宏观审慎工具也将有利于宏观稳定，相较而言生产率冲击下的最佳应对是宏观审慎政策不干预，因此货币政策与宏观审慎政策的配合需要了解房价暴涨的根源。金鹏辉（2014）提出，货币政策会对银行风险承担的行为产生影响，同时针对系统性风险的宏观审慎监管与银行风险承担渠道密切相关，因此可以从这个视角探讨货币政策和宏观审慎政策之间的协调配合。马勇和姚驰（2021）讨论了双支柱框架下的货币政策和宏观审慎政策的调控效应，认为货币政策的放松刺激了银行的风险偏好，导致银行部门总体风险水平的上升，而以资本约束和杠杆率监管为代表的宏观审慎政策能够有效抑制银行的过度风险承担，从这个角度看宏观审慎监管能够部分抵销货币政策的银行风险承担渠道的影响。杨秀云和吴智华（2020）指出，货币政策与宏观审慎政策在维护金融稳定方面存在差异，以此为基础，在合作与非合作均衡的视角下，求解不同外生冲击下这两类政策的最优政策反应系数，可得出结论：货币政策应就信贷水平与宏观审慎政策相互沟通、相互合作，从整体上对金融系统失衡作出修正，可以实现更低的社会福利损失。

值得注意的是，货币政策和宏观审慎政策对金融机构风险承担的影响也存在着区别。Shin（2015）指出，宏观审慎政策主要针对特定领域和特定金融活动，具有更高的灵活性，与 20 世纪 70 年代很多发达经济体采用的直接信贷管理政策具有很高的相似性，即在调整信贷结构的同时控制信贷总量；而货币政策会在更广泛的范围影响国内经济和金融系统，受到国内外的约束相对更大一些，因此政策空间有限，更多地需要依靠宏观审慎政策来发挥结构作用。Bernanke（2011）指出，货币政策和金融稳定职责是高度互补的，美联储经济学家帮助金融监管部门使用压力测试方案，而监管者向预测宏观经济的经济学家们提供有关信贷状况的信息以及金融稳定对经济的潜在影响；由于金融和经济之间的相互作用，货币政策和宏观审慎政策的作用效果也会出现模糊，比如改善经济前景的货币政策也会改善金融条件，而支持金融机构和金融市场的审慎政策，也可以改善信贷可持续性和加强政策传导，帮助货币政策实现目标；但有一个共识是货币政策作为解决金融失衡的工具可能过于“尖锐”。应仍以宏观经济目标为重点，而使用具有针对性的微观审慎和宏观审慎工具来应对发展中的金融稳定问题，如过度的信贷增长、期限错配等。但 Bernanke（2017）又指出，在货币政策与金融稳定之间明显存在联系的情况下，例如在房地产产生泡沫时，也需要非常强有力的货币政策进行应对，即使这种应对可能会以产出、就业和通胀偏离政策目标为代价。Yellen（2014）探讨了美联储货币政策和宏观审慎政策配合的原则，监管机构应通过宏观审慎方法提高金融体系的风险抵御能力，从而降低货币政策对金融稳定问题的关注，同时货币政策也要监测不断变化的金融体系风险，并对宏观审慎政策工具限制这些风险发展的能力保持客观态度，宏观审慎政策存在监管空白、效果不确定、缺乏公众支持等局限性，有时仍需要货币政策调整以应对金融风险，但一般意义上并没有一个简单的规则可以决定两者应如何配合，决策者应清晰、一致地就金融体系稳定性及其对货币政策的影响发表自己的观点。

在操作层面上，还需要探讨货币政策和宏观审慎政策协同配合的方向问题，即是否只有当货币政策和宏观审慎政策都收紧时，才能起到相应的效果？一些研究将两者视为互相替代的关系，如 Michalak（2011）认为可以考虑在提高银行资本要求、建立资本缓冲的同时，采取相对宽松一些的货币政策来对冲加强资本金要求所带来的负面影响；再如 Angeloni 等（2013）构建了一个包含银行部门的 DSGE 模型，该模型认为，宏观审慎政策在经济正常时期对改善社会福利方面基本没有帮助，甚至还可能与货币政策出现冲突，但一旦发生较为严重的金融冲击，资本监管等宏观审慎政策会影响贷款供给，需要宽松的货币政策加以配合，以改善经济的稳定性；金鹏辉等（2014）也认为，在实施宽松货币政策刺激的同时，辅以逆周期资本调节，可以对冲宽松货币政策可能产生的风险承担效应，达到金融稳定和促进经济复苏的双重作用。但也有研究认为，两个政策可以协同作用，主要取决于经济和金融体系的运行状况。Bliss 和 Kaufman（2003）认为，在经济繁荣期叠加紧缩的货币政策条件，提高资本要求可以约束银行的信贷扩张，增强货币政策的有效性。Brunnermeier 和 Sannikov（2016）在非线性的一般均衡框架内，对货币政策和宏观审慎政策的协调进行了分析，其中银行信贷和货币创造是内生的，货币政策有助于降低内生风险，从而增加福利，但并不能只针对风险溢价而不会对风险承担造成影响，相较而言，宏观审慎政策可以通过控制数量而不是价格来影响风险承担，两者配合可以显著提高社会福利。方意等（2012）指出，逆周期资本监管和货币政策在金融机构风险承担方面的协调是非线性的，货币政策与宏观审慎政策是互补还是替代关系，不仅依赖于经济运行状况，也依赖于银行的资本充足率。

但也有一些观点反对在实施宽松货币政策的同时强化宏观审慎政策，认为这是一种同时踩着“油门”和“刹车”的模式（Borio 等，2018）。Van der Ghote（2018）分析了宏观审慎政策与货币政策的协调机制，构建了两种情景，情景一是货币政策只针对物价稳定，宏观审慎政策只针对金融稳定，二者各自为政，不关注对另一政策目标产生的影响，而情景二是货币政策和宏观审慎政策共同致力于实现物价稳定和金融稳定目标，结果显示货币政策与宏观审慎政策相互配合更有助于金融稳定，而物价稳定方面则会有些微的成本，总体上货币政策并不能偏离自然利率太远，更多的还是要关注物价和就业目标。Degryse 等（2021）根据 2011 年欧元区提高银行监管资本要求的准自然实验，并基于葡萄牙银行的贷款水平，发现银行面临更高资本要求时，更倾向要求贷款有抵押品担保，降低了风险承担偏好，同时抵押品增加也会影响到实体经济，更多的资金配置到拥有更多有形资产的部门，这会导致小微企业等缺乏抵押品的部门获得的金融支持下降，仅讨论货币政策的总量方向并不足够形成协同配合效应。

总体而言，通过梳理文献与观点，我们可以发现货币政策与宏观审慎政策协调配合可行性的两个基本事实：第一，金融稳定是两者协调配合的一阶切入点。中央银行作为最后贷款人，有维护金融稳定的职责和能力，本身就需要平衡好币值稳定和金融稳定的关系，通过货币政策和宏观审慎政策的协调配合，避免金融风险对经济造成损失，同时随着理论研究和政策实践的逐步积累渐进，更多地考虑到经济和金融的相互作用，实质上需要把金融服务实体经济作为更为根本性的协调配合切入点。第二，货币政策和宏观审慎政策的协调方向研究需要建立在微观基础的突破上。简单讨论方向的配合意义有限，更多的需要从政策目标和微观传导的角度讨论具体配合的方式，而福利效用函数的分析内含了服务实体经济的要求。宏观审慎政策防范系统性金融风险，而货币政策旨在维护币值稳定和保持经济平稳运行，两者相互协调配合，可以更好地实现金融稳定和宏观经济的双重目标。

◎ 三、货币政策与宏观审慎政策协调配合的有效性

应当看到，有关货币政策效果的研究与宏观审慎政策效果研究的深度并不匹配，现代货币政策的研究框架大约从 20 世纪 80 年代就形

成共识，涌现了大量的实证和理论研究；相较而言，宏观审慎政策的实施时间相对较短，关于不同宏观审慎政策工具的实施效果，以及其如何传导作用于金融机构和宏观经济活动，尚处于研究的早期阶段（Galati 和 Moessner，2018）。然而，要有效实现货币政策与宏观审慎政策之间的协调配合，必须对政策工具效果有准确的把握，才能有效实现政策目标。

应当说，宏观审慎政策与货币政策的传导机制具有一定相似性，都可以作用于银行行为，进而对银行信贷和资产负债表产生影响，然后再传导到实体经济（Beau 等，2012），由此在理论层面上，可以借助关于货币政策传导的研究，丰富宏观审慎政策传导的微观基础，探讨宏观审慎政策与货币政策协调应对经济冲击的模式。一些研究按职能来划分二者的配合，强调宏观审慎政策维护金融稳定，而货币政策更多关注宏观经济的稳定。Gerali 等（2010）的研究显示，面对技术冲击，货币对稳定宏观经济的贡献较大，而面对房地产和金融稳定冲击，宏观审慎政策对维护金融稳定的作用更有效。Van den Heuvel（2006）通过构建的动态一般均衡模型表明，中央银行利率政策对商业银行贷款供给能力的影响取决于其资本金的充足情况：资本金相对不足的商业银行对利率政策冲击的反应要比资本金充足的银行更滞后，但规模会有所放大。Ageloni 和 Faia（2013）通过构建 DSGE 模型发现，以逆周期资本要求为核心的宏观审慎政策比货币政策更能有效维护金融体系的内生稳定。同时，货币政策和宏观审慎政策既存在相互补充关系，也存在潜在冲突。Tanaka（2002）在商业银行利润函数中引入惩罚机制来研究在资本约束下中央银行的利率政策如何影响商业银行的贷款行为，结果发现随着资本充足率的提高，商业银行贷款对中央银行利率调整的敏感度将降低。类似地，Kopecky 和 VanHoose（2004）通过银行利润最大化的静态模型发现，资本充足率约束在一定程度上会削弱货币政策对银行信贷的长期影响。戴金平、金永军和刘斌（2008）根据对我国的实证分析，认为提高资本充足率的监管行为在短期会产生显著的信贷收缩现象，对货币政策传导及经济稳定产生负面影响。Angelini 等（2014）发现，当经济受到来自金融系统的冲击时，货币政策通过信贷、资产价格可以影响宏观经济，而资本要求宏观审慎政策通过调控银行信贷也会影响金融体系，二者相互作用共同维护经济金融稳定，若二者缺乏合作，则会导致政策利率和资本要求的过度波动。梁璐璐等（2014）在 DSGE 框架下引入动态化贷款价值比这一宏观审慎工具，并对家庭和企业按照区别调控的方式建模，发现面对传统冲击时，货币政策不会受宏观审慎政策的影响；面对非传统冲击时，宏观审慎政策和货币政策的配合对通胀目标起着一定的保护作用。王爱俭和王璟怡（2014）分析认为，逆周期资本要求能够较好地稳定金融波动，并有效改善社会福利，在市场受到金融冲击时宏观审慎政策对货币政策能够起到辅助作用。谷慎和岑磊（2015）分析表明，单独使用货币政策维护宏观经济稳定时，若加入宏观审慎政策反而加剧了不确定性，而面对金融冲击，宏观审慎政策配合货币政策共同维护金融经济的效果更明显。

可以看到，近年来大量以 DSGE 为代表的理论模型嵌入了不同宏观审慎政策模块，用于阐述在银行资产负债表和实体经济互动放大的精细化微观机制下，宏观审慎政策的作用机理和政策效果，这些研究提供了较好的一致性分析框架用以讨论金融和实体经济之间的相互作用机制以及一系列内生反馈，并为走在相对更前面的政策实践提供理论数值参考。但值得注意的是，理论研究在很大程度上与模型设定密切相关，为了便于处理，模型的经济主体行为设定往往较为模块化，同时金融体系中的风险承担、异质性、资本等之间相互作用，其对实体经济的影响又非常复杂，大量参数依靠校准而不是估计，使得理论模型研究并不容易理解，距离指导实践仍有一段距离，且大多研究宏观审慎政策效果的理论模型并不讨论与货币政策之间的协调配合

（Galati 和 Moessner，2018）。相较而言，实证研究可以得到更清晰、直观的证据。

目前宏观审慎政策和货币政策配合的实证研究主要集中在跨国经验证据和基于微观数据的回归分析两类。从跨国经验看，BIS（2017）货币与经济部门组织美洲地区八个经济体（美国、加拿大、智利、阿根廷、巴西、哥伦比亚、墨西哥和秘鲁）的中央银行就宏观审慎措施的影响及其与货币政策相互作用进行研究，结果显示：在货币政策的帮助下，宏观审慎工具的有效性增强，反之在缺乏货币政策配合的情况下，宏观审慎工具效果减弱；同时，当宏观审慎工具发挥对货币政策互补的作用时，效果相对更为明显。Kuttner 和 Shim（2016）使用来自 57 个经济体长达 30 年的数据，检验九项非利率政策对房价和房地产信贷的影响，发现债务收入比、房地产税对房地产信贷影响最大，从而宏观审慎政策可以协助货币政策，成为稳定房价和信贷周期的有效工具。Bruno 等（2017）对 2004—2013 年 12 个亚太经济体宏观审慎政策的有效性进行评估，发现在大多时候宏观审慎政策和货币政策的方向是一致的，收紧宏观审慎政策和收紧货币政策之间呈现大约 0. 2 的正相关性，且宏观审慎政策在增强货币紧缩效果方面比相反的行为更有效。Kim 和 Mehrotra（2019）使用结构面板向量自回归模型，对 32 个发达和新兴经济体宏观审慎政策的影响和传导机制进行检验，发现宏观审慎政策冲击对 GDP、物价和信贷的影响类似货币政策，但传导方式主要作用于房地产、消费信贷等特定领域，而货币政策冲击对经济的影响更为广泛。从微观或银行行业数据经验看，Aiyar 等（2016）基于英国 88 家银行资本要求的时间序列数据，以及英格兰银行的政策利率数据，研究了货币政策和宏观审慎政策的协调机制，发现提高资本要求和收紧货币政策都会降低信贷供给，同时对不同银行的影响也存在差异，大型银行信贷调整更多地根据资本要求约束而不是货币政策变化，而小银行信贷对货币政策和宏观审慎政策都会有反应；他们进一步通过设置资本要求和政策利率变化的交叉项进行检验，发现交叉项在统计上不显著，强调这两项政策之间并不会相互交叉影响，从而货币政策可以更侧重价格稳定，而资本要求等审慎工具可以偏重金融稳定的目标。Kim 和 Mehrotra（2015）使用结构向量自回归识别货币政策和宏观审慎政策因素，相较于简化形式的 VAR 回归模型，SVAR 通过施加结构性约束关系，更好地捕捉经济、金融和政策之间的相互作用，并可以在一致的框架内检验两者协调配合度，他们发现货币政策和宏观审慎政策对实体经济影响的相似之处，这使得两个政策的协调面临一定的挑战。Dell'Ariccia 等（2017）从货币政策风险承担渠道的实证出发，基于 1997—2011 年美联储商业贷款调查中银行对企业贷款内部评级的数据，发现银行对新贷款的风险评级与短期利率上行呈负相关关系，这种关系对于全国经济周期不同步的地区更为明显，从而宏观审慎政策可以针对这方面的风险承担行为。

总体而言，对货币政策和宏观审慎政策的实证研究仍有不少的挑战，比如两类政策共同作用于宏观经济和金融所产生的内生性等问题，再如区分货币政策工具和宏观审慎政策工具的影响问题等。研究结论上也莫衷一是，针对银行微观风险承担行为的实证更倾向支持货币政策和宏观审慎政策的协调，以应对金融机构的过度风险承担行为，而大多对经济产出、信贷等总量的证据，则更强调货币政策和宏观审慎政策的相互替代性而非互补性。

◎ 四、关于构建双支柱调控框架的研究讨论

2008 年国际金融危机以来，学界对双支柱框架有过一些讨论，但主要是探讨双重目标下货币政策的不同操作策略。例如，Grauwe 和 Gros（2009）指出，危机前央行认为价格稳定和金融稳定之间不存在

权衡，追求价格稳定是央行维护金融稳定所能做的最优选择，但危机后由于价格稳定和金融稳定之间的潜在权衡已经被证实，为更好兼顾金融稳定与价格稳定目标，需要建立一个新双支柱策略，即利率政策用于实现价格稳定，而法定准备金率、宏观审慎管理等政策工具则用于实现金融稳定，但这更侧重于从目标的角度进行阐述。美国费城联储前主席 Plosser（2007）曾将货币政策和金融稳定作为中央银行的双支柱，强调运用流动性支持工具等解决金融市场的中断问题，而不必改变整体货币政策取向，但 Plosser 在文中指的金融稳定是美联储在支付体系、银行监管、最后贷款人等方面的职责。

从实践来看，危机前国际上一些提出双支柱的央行，实质上所指的并非货币政策和宏观审慎政策的双支柱，并没有针对金融稳定。比如，欧洲央行货币政策实施双支柱策略，但其更多的是强调为实现最终政策目标所采取的操作策略。具体来看，其分为货币分析和经济分析两个支柱，前者强调货币的重要作用，公布广义货币供应量增长的参考值；后者运用一系列经济指标来对欧元区价格变动趋势以及价格稳定的风险进行具有广泛基础的评估（Issing，2006）。欧洲央行货币政策双支柱策略并没有直接针对金融稳定和宏观审慎问题，但通过防止货币指标的过度偏离，在一定程度上有助于防范高杠杆和资产泡沫的形成。危机后，一些央行的政策框架逐步具备了货币政策和宏观审慎政策双支柱框架的特点，但并未提出双支柱概念。比如英格兰银行将货币政策和宏观审慎政策职能集于一身，设立了金融政策委员会（FPC）负责宏观审慎管理，与货币政策委员会（MPC）平行且独立，彼此相互补充、相互促进各自政策目标的实现（李斌和吴恒宇，2019）。

总的来看，过去一些探讨货币政策与宏观审慎政策协调配合的文献，实际上已经把货币政策和宏观审慎政策放在同一个层次上讨论，比如 Galati 和 Moessner（2018）指出宏观审慎政策有自身的最终目标、中介目标和工具体系，最终目标是维护全系统的金融稳定，以减少金融危机对宏观经济的成本，中介目标分为时间维度的逆周期和结构维度的系统重要性金融风险防范，并拥有宏观审慎资本充足率工具、金融基础设施监管、房地产贷款价值比（LTV）等工具体系以实现中介目标。但并没有文献明确将两种政策作为双支柱调控框架提出，且前期文献中的双支柱更多的是强调为实现不同政策目标所采取的货币政策操作策略。

2017 年，党的十九大报告明确提出，要“健全货币政策和宏观审慎政策双支柱调控框架”，这是首次明确建立宏观调控政策层面的双支柱框架，其内涵更为丰富，是包含目标、评估、工具、实施、传导、治理架构等一系列内容的综合体。应当看到，我国双支柱框架的提出和建立，是货币政策与宏观审慎政策协调配合的理论升华和实践创新。为了有效建立双支柱调控框架，人民银行工作人员开展了一系列有深度的理论研究。李波（2018）系统地研究了“货币政策 + 宏观审慎政策”双支柱调控框架的理论基础和政策实践，指出通常情况下货币政策和宏观审慎政策的方向一致、相互促进，两者的有序协调有利于促进政策传导、强化政策效果。李斌和吴恒宇（2019）指出，宏观审慎政策和货币政策相互协调配合，形成由货币政策和宏观审慎政策双支柱支撑起“双目标”的基本框架，共同维护好货币稳定和金融稳定，在这个框架中，货币政策和宏观审慎政策都不可或缺，须相互补充，形成合力，产生“一加一大于二”的政策效应增进效果，有利于把经济周期和金融周期更好地结合起来，把维护经济稳定与促进金融稳定更好地结合起来。但由于两者的目标、工具等并不一致，经济周期和金融周期可能背离，缺乏充分协调的政策搭配对政策效果可能产生一定的抑制作用，如何协调货币政策与宏观审慎政策并把握好相应的政策力度，取决于具体的经济和金融环境。近年来，人民银行在货币政策和宏观审慎政策双支柱调控框架实践方面也有不少探索，比如在总量上，宏观审慎评估 MPA 与货币政策配合促进货币信贷合理增长；在结构上，房地产宏观审慎政策与结构性货币政策配合，引导资金进入小微、民营、制造业等重点领域和薄弱环节，促进房地产市场平稳健康发展；在内外均衡上，资本流动宏观审慎管理与增强人民币汇率弹性配合，以提高货币政策自主性，把握好内部均衡和外部均衡的平衡等。下一步，需要在深入研究的基础上合理安排工具组合，真正实现两大政策之间的充分协调和灵活配合。

第二章　2008年国际金融危机以来国内外加强货币政策与宏观审慎政策协调配合的实践经验

国际金融危机以来，主要经济体在强化宏观审慎管理的同时，也认识到加强货币政策与宏观审慎政策协调配合的重要性。宏观审慎政策和货币政策通过各自的传导渠道相互作用，宏观审慎政策能够为货币政策“减负”，从而可以使货币政策更专注于维护价格稳定的目标，而货币政策反过来也会影响信贷供给和需求、金融机构风险冲动和资金状况等，稳定的宏观金融环境也有助于实现金融稳定。两项政策通过互相补充和强化，可以同时实现价格稳定和金融稳定目标。

但两种政策之间有时也存在目标冲突问题，为了更有效地发挥合力，一般认为应由同一主体同时负责制定上述两种政策。而鉴于中央银行在对宏观经济、金融市场和支付体系等的深刻理解方面拥有无可争辩的优势，而这些正是制定有效的宏观审慎政策的基础，因此危机以来的改革实践强化了中央银行在宏观审慎政策框架中的核心地位，同时为了保障央行有效履行宏观审慎管理职责，也赋予央行对系统重要性金融机构和重要金融基础设施等的监管权。由央行来共同牵头制定货币政策和宏观审慎政策，使得两个政策领域之间的协作变得更加容易。根据金融稳定理事会（FSB）的统计，危机以来实践中多数经济体采取了由央行某个部门或设在央行内部的委员会作为宏观审慎政策主导部门的做法，也有一些经济体由设在央行外部的委员会负责宏观审慎政策，但央行也会负责监测分析系统性风险并提出建议。

◎ 一、加强货币政策与宏观审慎政策协调配合的国际实践经验

1. 英格兰银行统筹负责货币政策、宏观审慎政策和微观审慎监管

2008年国际金融危机后，英国率先对金融监管体制进行了根本性

改革，核心内容是将货币政策、宏观审慎政策和微观审慎监管集中于央行，在央行内部实现上述功能在各个层面的有效协调。总体来看，英格兰银行在加强两项政策的协调配合方面做出的前瞻性探索值得重视。

具体来看，一方面在治理架构安排上，在英格兰银行内部设立了金融政策委员会（Financial Policy Committee，FPC），主要职责是促进英格兰银行实现“保护和提升英国金融体系稳定性”的目标，赋予其必要的宏观审慎管理手段和工具。在央行内部设立FPC并明确其政策目标和职责，有利于货币政策与宏观审慎政策相互协调，还有助于清晰授权，对FPC的履职情况进行评估和问责。同时，将部分微观审慎监管职责收归央行，在审慎监管局（Prudential Regulation Authority，PRA）基础上设立新的审慎监管委员会（Prudential Regulation Committee，PRC），取代PRA理事会，升级为与货币政策委员会（Monetary Policy Committee，MPC）和FPC并列的英格兰银行直属委员会。由此，形成英格兰银行直属的MPC、FPC、PRC三个委员会分别负责货币政策、宏观审慎管理和微观审慎监管职能的政策框架。

另一方面，鉴于货币政策与宏观审慎政策在目标、关注重点、分析方法等方面存在差异，英格兰银行通过一些有效的机制安排加强MPC和FPC政策的协调。一是FPC与MPC的人员彼此交叉任职。英格兰银行行长担任这两个政策委员会的主席，三位副行长（分管货币政策、金融稳定、市场和银行业）均出席FPC和MPC的会议，确保两个委员会能够理解彼此的核心议题。此外，负责微观审慎监管的PRC与FPC、MPC之间也有人员交叉任职。二是建立有效的沟通机制，以增进相互理解，加强政策配合。两个委员会的成员均可获得MPC和FPC的所有相关简报资料，并参加对方召开的碰头会，也会联合举办会议来讨论政策措施。英格兰银行要求MPC和FPC在决策时充分考虑对方。比如，提升资本充足率要求可能使信贷条件收缩，若认为由此会导致物价下行压力，那么货币政策应适当放松来稳定总需求。三是提高政策透明度，加强对政策相互作用的研判。MPC 实行前瞻性指引，尽量明确在何种情况下会考虑加息；FPC 明确提出将监测房地产风险演变情况，并公布了在应对这些风险时可能采取的措施。MPC 和 FPC 分别在《通胀报告》和《金融稳定报告》中，开辟相应的专栏讨论对方政策的潜在影响。FPC 在评估未来经济前景导致的潜在金融风险时，会使用 MPC 关于宏观经济的预测作为基准。MPC 在进行经济预测时，也会以 FPC 的政策措施为前提，如通过评估信贷成本和资金可得性，预测相关政策对经济和通胀的影响。

2. 欧洲中央银行同时主导货币政策、宏观审慎政策和微观审慎监管

危机以来，在欧洲单一监管机制（Single Supervisory Mechanism，SSM）下，欧元区逐步建立了以欧央行（ECB）为核心、欧央行和各成员国审慎管理当局共同负责的宏观审慎政策框架。

欧央行负责制定整个欧元区的宏观审慎政策，拥有对欧元区银行业金融机构实施统一监管的权力，同时负责指导和协调各成员国的宏观审慎政策。从欧元区的机构设置看，货币政策、宏观审慎政策、微观审慎监管均由欧央行主导。在清晰的治理架构下，政策决策主体是欧央行理事会（the Governing Council），其为欧央行的最高决策机构，也是宏观审慎政策的最高决策机构。金融稳定委员会（FSC）是欧洲中央银行体系（European System of Central Banks，ESCB）的主要技术委员会，为 ECB 在宏观审慎政策领域提供支持。其成员包括 SSM 成员国央行和监管当局的最高层级代表，主要就欧央行理事会在宏观审慎领域的关切问题和政策应对提出建议。欧央行通过不同政策部门之间的信息共享渠道受益，同时可以在一个统一框架下实现不同政策之间的协同配合。

3. 部分新兴市场经济体关于宏观审慎政策与货币政策的治理架构安排

国际清算银行（BIS）于2016年底向新兴市场经济体央行发送了一份调查问卷，调研中央银行在宏观审慎政策中发挥的作用。调查结果显示，约2/3的央行具有金融稳定目标（见表2.1），且拥有较为丰富的宏观审慎政策工具；同时也有一些经济体由央行参与的机构间组织负责宏观审慎政策决策和工具使用，但中央银行会负责监测分析系统性风险并提出建议，此时加强政策协调将有助于增强央行在宏观审慎政策制定中的主导作用（见表2.2）。

表2.1　BIS关于中央银行金融稳定目标的调查结果

国家/地区	金融稳定目标	法定授权	授权来源	宏观审慎目标
阿根廷	促进金融稳定	是	中央银行法律	—
巴西	有效且稳固的金融体系	否	中央银行使命宣言	有，窄的目标
智利	内部和外部支付的正常运作	是	中央银行法律	无，央行有权根据其授权来容纳它
中国	以金融机构、市场和支付基础设施为目标，运用不同政策框架将多个包罗万象和分散的目标汇集起来	否	中央银行法律	有，三管齐下的宏观审慎目标
哥伦比亚	促进金融稳定	否	中央银行法律	无，央行有权根据其授权来容纳它
捷克共和国	—	否	金融稳定报告	有，建立宏观审慎政策
中国香港	促进银行稳定	是	银行法	—
匈牙利	保持金融系统稳定	是	中央银行法律	有，系统的弹性（更广泛的形式）
印度	—	否	中央银行内部组织	通过宏观审慎方法实施微观审慎监管

续表

国家/地区	金融稳定目标	法定授权	授权来源	宏观审慎目标
印度尼西亚	金融系统稳定	是	金融部门监管法案	降低或阻止系统性风险
以色列	金融系统稳定和有序工作	是	—	无
韩国	—	否	—	无
马来西亚	促进金融稳定；具体而言，机构的健全性以及对市场及其基础设施的监督	是	—	—
墨西哥	无	—	—	无
秘鲁	规范金融体系的信贷	是	宪法	无
菲律宾	金融体系运作顺畅	否	金融稳定委员会	无
波兰	降低或消除系统性风险	是	中央银行章程	如果发生系统性风险，金融体系的应变能力
俄罗斯	银行业的稳健性以及支付系统和金融市场的稳定性	是	中央银行章程	无
沙特阿拉伯	金融系统的无缝运作	否	金融稳定报告	—
南非	监测系统性金融风险和恢复系统稳定性	否	金融部门监管法案	—
泰国	银行业稳健性	是	中央银行章程	与金融稳定目标一致
土耳其	银行业稳健有效运行	是	中央银行章程	—
阿拉伯联合酋长国	无	—	—	无

资料来源：BIS（2017）根据相关中央银行对调查问卷的答复整理。

表 2.2　BIS 关于部分新兴市场经济体金融稳定架构安排的调查结果

国家/地区	主席	跨机构协调机制	中央银行参与度	决策范围	信息共享
阿根廷	—	无	负责金融稳定	—	—
巴西	财政部长	国家货币委员会（CMN）	CMN 常设秘书处，四位中央银行副行长在机构间论坛各占据一席	CMN 通过其货币和信贷技术委员会设定了政策实施框架，每个机构（特别是中央银行）都在其行动范围内作出决定	中央银行与其他机构签署了 15 项协议，以交换信息和政策来进行协作

续表

国家/地区	主席	跨机构协调机制	中央银行参与度	决策范围	信息共享
智利	财政部长	金融稳定委员会（CSF）	中央银行是永久顾问，央行行长是受邀成员	没有任何正式的决策权，可以就金融稳定问题向相关监管机构发布不具约束力的政策建议	信息交换是其功能之一，可以请求其成员之间共享信息
中国	中国人民银行行长	金融监管协调部际联席会议	召集和主导会议	协调跨市场的金融监管，实施金融稳定政策	中央银行和其他机构建立统一标准的统计系统
哥伦比亚	财政部长	协调委员会（CCSSF）	央行行长是CCSSF的成员。央行行长担任其一个下设委员会主席，其他政府官员参与其中或其他小组委员会	分享有关各机构监督的金融机构的信息是该机构的主要目标之一，它还促进了流程和标准的技术改进及其及时采用	信息交换是根据中央银行，银行监管机构和存款保险公司之间的谅解备忘录进行的
捷克共和国	—	无	中央银行全权负责金融稳定	—	—
中国香港	金融服务和财政部长	金融稳定委员会（FSC）	金管局总裁是FSC的成员	机构间委员会没有决策权，金管局首席执行官保留法定决策权	信息共享发生在FSC和金融监管委员会（CFR）内，与这些委员会之外的机构没有信息交流
匈牙利	—	无	负责金融稳定	中央银行掌握着有关金融稳定问题的所有决策权，它通过金融稳定委员会处理金融稳定性	不相关
印度	财政部长	金融稳定与发展委员会（FSDC）	中央银行是FSDC的成员，其行长是国内金融监管机构的主席	该机构被赋予了充分的授权（金融稳定，发展和普惠）。重点关注对金融集团活动的监督	不同监管机构之间的信息交流是在谅解备忘录的基础上进行的

续表

国家/地区	主席	跨机构协调机制	中央银行参与度	决策范围	信息共享
以色列	中央银行行长	不披露细节	一半的席位为央行任命的官员保留	机构间委员会在政策问题上没有任何决策权	—
印度尼西亚	财政部长	金融体系稳定委员会	央行行长是成员之一	金融体系稳定委员会对宏观审慎工具没有任何权力；危机解决和监控系统	金融体系稳定委员会的定期会议，谅解备忘录与其他机构交换信息
韩国	—	—	—	—	—
马来西亚	中央银行行长	金融稳定执行委员会	中央银行行长担任主席，副行长是会员（但不是银行监管的负责人）	发布宏观审慎措施以维持国内金融稳定	成员之间可交换信息
墨西哥	财政部长	金融体系稳定委员会	中央银行行长和两名副行长是机构间理事会的成员，一位中央银行代表担任该机构的秘书	机构间委员会不能作出任何决定，它协调不同机构的政策工作，特别是对金融稳定风险的评估和分析，也可对政策提出建议	中央银行、证券投资监管机构和中央银行有权充分交换信息
秘鲁	—	没有，银行监管部门每季度被邀请参加中央银行会议	—	—	—
菲律宾	中央银行行长	金融稳定协调委员会	中央银行主持会议（参与是自愿的，其他政府机构也被邀请加入）	提出了识别，管理和减轻系统性风险积累的措施	协议备忘录是用于实现信息交换的手段
波兰	中央银行行长	金融稳定委员会	如果出现平局，央行行长将举行第二轮投票	根据“遵守或解释”原则发布不具约束力的陈述或建议	信息交流是在由每个机构的代表组成的工作组内进行的

续表

国家/地区	主席	跨机构协调机制	中央银行参与度	决策范围	信息共享
俄罗斯	第一副总理	金融稳定委员会	央行行长和四名第一副行长	不具备决策权	信息交流在委员会进行，在委员会内没有关于单一机构的信息交换
沙特阿拉伯	—	—	—	—	—
南非	中央银行行长	—	中央银行行长，负责金融稳定的副行长和三名中央银行任命的成员	—	—
泰国	中央银行行长	联合货币政策委员会、金融机构政策委员会	中央银行行长和两名副行长是每个委员会的成员；委员会分别有四名和八名成员	中央银行的任务是设计和实施微观和宏观审慎政策，与其他机构进行磋商	有关于非金融机构信息交换的双边谅解备忘录
土耳其	负责财政部秘书处的部长	金融稳定委员会	央行行长是五人委员会的成员	决策和政策工具的使用取决于具有法定任务的机构，金融稳定委员会监控系统性风险，并可向主管提出任何疑虑或异议	机构间委员会的目的是加强其组成成员之间的信息共享，协调与合作

资料来源：BIS（2017）根据相关中央银行对调查问卷的答复整理。

◎ 二、中国货币政策和宏观审慎政策双支柱调控框架实践

2017 年 10 月，党的十九大报告明确提出，健全货币政策和宏观审慎政策双支柱调控框架，这是反思国际金融危机教训并结合我国国情的重要举措，有助于在保持币值稳定的同时促进金融稳定，从根本

上提高金融调控的有效性，防范系统性风险，切实维护宏观经济稳定和国家金融安全。2019 年初，党中央、国务院批准的机构改革方案，进一步明确了人民银行负责宏观审慎管理的职能，牵头建立宏观审慎管理框架，并批准设立了宏观审慎管理局，从机构设施上为构建双支柱框架提供了保障。

1. 货币政策与房地产宏观审慎政策配合的实践探索

我国较早即开始了货币政策与宏观审慎政策相结合方面的探索和实践。在国际金融危机之前，虽然宏观审慎政策的概念并未流行，但人民银行在调控实践中，已经认识到资产价格容易脱离实体经济基本面出现大起大落现象，单靠货币政策调控，比如调整利率很难达到精准调控的目的。当房地产价格快速上涨时，投资收益率往往大幅高于其他行业投资收益率，除非大幅提高利率，否则很难抑制房地产市场投机行为，但大幅提高利率又会对其他行业产生重大冲击。在此情况下，人民银行采取了宏观审慎政策与货币政策相配合的操作。2003 年的房地产市场调控就是一个典型的例子。2003 年，我国房地产市场开始出现过热，房屋销售价格指数同比涨幅超过 10%，而一线城市房价涨势惊人，中房上海综合指数同比涨幅攀升至超过 30%（见图 2.1）。但整体经济刚从之前长达数年的疲弱和通缩中复苏，CPI 刚刚由负转正，加之还出现了 SARS 疫情的冲击，这种形势下并不适用于采取加息等措施，而应当采取收紧贷款价值比（LTV）等宏观审慎政策工具，更有针对性地对房地产市场适度降温，避免对整体经济造成冲击。为此，2003 年 6 月人民银行出台了“121 号文件”，要求适当提高购买第二套（含）以上住房的首付款比例，以此促进房地产市场的持续健康发展。回过头来看，在当时的时点和宏观大环境下出台上述措施，是很有前瞻性的，也是宏观审慎政策与货币政策的一次有效配合。

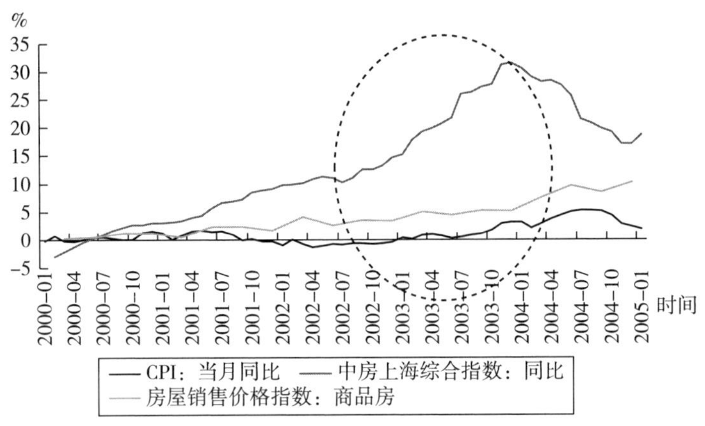

图 2.1　2000—2004 年 CPI 与房价

（数据来源：Wind）

2. 宏观审慎评估（MPA）与货币政策配合促进货币信贷合理增长

2008 年国际金融危机以来，人民银行一方面不断完善货币政策调控框架，积极稳妥推动货币政策框架从数量型调控为主向价格型调控为主转型，创新多种货币政策工具，不断增强利率调控能力。另一方面，着力建立和完善了宏观审慎政策框架，不少探索从全球来看也颇具创新性。

2009 年春，中国经济出现复苏迹象。与此同时，在 4 万亿元投资等扩大内需的一揽子经济刺激政策的带动下，人民币贷款快速增长，2009 年 6 月末，人民币贷款余额同比增长达 34.44%，而当年末，人民币贷款余额更是较年初增加 9.6 万亿元，创十年来最高（见图 2.2）。人民银行对此高度关注和警惕，提出要重视信贷平稳可持续增长和防范金融风险，并在深刻分析国际金融危机教训和深入总结国内实践经验的基础上，提出应按照宏观审慎政策框架的原理考虑设计新的逆周期措施。但当时也有一些反对意见，认为中国经济初现企稳迹象，若此时对信贷加以限制，可能会对经济产生一定的负面冲击。

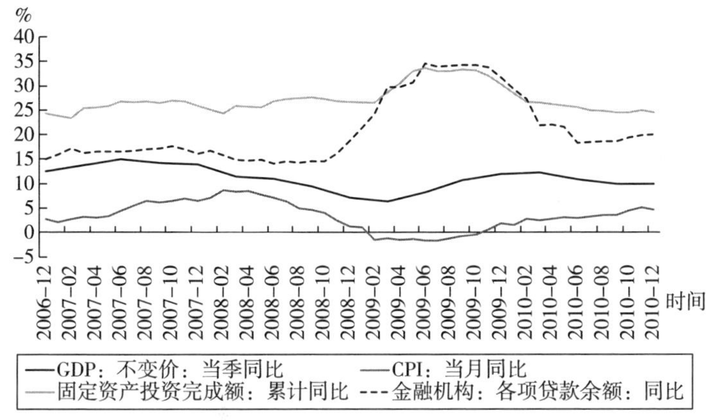

图 2.2　2006—2010 年主要经济金融指标

（数据来源：Wind）

2010 年末，中央经济工作会议正式明确 2011 年要实施稳健的货币政策，自此货币政策取向从适度宽松转向稳健。同时，《中共中央关于制定国民经济和社会发展第十二个五年规划的建议》明确提出，要构建逆周期的金融宏观审慎管理制度框架。按照党中央、国务院统一部署，人民银行于 2011 年正式引入差别准备金动态调整机制，其核心内容是金融机构适当的信贷增速取决于经济增长的合理需要及其自身的资本水平。该机制在加强宏观审慎管理、促进货币信贷平稳增长、维护金融体系稳健方面发挥了重要作用。此后随着金融创新快速发展，资产负债类型更为多样，需要进一步完善宏观审慎政策框架，使之更有弹性、更加全面、更有效地发挥逆周期调节作用和防范系统性风险。2015 年 12 月 29 日，人民银行宣布自 2016 年起，将差别准备金动态调整机制“升级”为宏观审慎评估（MPA）。该体系在借鉴国际经验的基础上，考虑了利率市场化进程、结构调整任务重等现实情况，重点关注资本和杠杆情况、资产负债情况、流动性、定价行为、资产质量、外债风险、信贷政策执行七大方面，通过综合评估加强逆周期调节和系统性金融风险防范，以促进金融改革和结构调整。

根据MPA实施的情况及宏观调控需要，人民银行不断总结经验，对指标构成、权重、相关参数等持续加以完善和丰富，并探索将更多金融活动和金融市场纳入宏观审慎管理框架。2017年，将表外理财纳入MPA广义信贷指标范围；自2018年第一季度起，将资产规模为5000亿元以上金融机构所发行的同业存单纳入MPA同业负债占比指标进行考核。总体来看，MPA在促进金融机构稳健审慎经营、引导货币信贷和社会融资规模合理增长、加强系统性金融风险防范、提高金融服务实体经济效率等方面发挥了重要作用。

3. 跨境资本流动宏观审慎管理有助于提高货币政策自主性

国际资本的跨境流动日益成为影响全球经济新的不稳定因素。资本流动的顺周期性和杠杆放大作用增加了新兴经济体宏观经济风险管理的复杂性，并在宏观层面对汇率体系和金融稳定产生了现实影响。新兴经济体可以通过调整货币政策或动用外汇储备来应对资本大规模流出，但会面临两难。资本流出会直接冲击汇率，此时中央银行要么提高利率来支持其货币稳定，但这会损害实体经济；要么需要增加流动性投放来弥补外汇流出形成的缺口，但放松流动性又可能加大本币贬值的压力。国际金融危机以来，在稳步推进资本项目可兑换的大背景下，中国采取宏观审慎政策对跨境资本流动进行管理，提高了货币政策自主性。

2014年第四季度以来，受中美经济周期不同步和货币政策分化等影响，我国开始面临资本流出的压力。2015年8月11日人民银行完善人民币汇率中间价报价机制，校正中间价与市场汇率之间的偏离，一些投机力量趁机利用海外舆论向客户渲染中国经济悲观前景，通过加杠杆增持人民币空仓。境外投机力量做空人民币需要先借入人民币，人民币融资成本是其中的关键因素。一段时间离岸人民币短期利率甚至低于在岸，一些境外银行为追求短期利益向投机势力提供弹药，融出了大量人民币资金。由于在岸人民币向离岸市场漏损渠道较多，依靠行政性的零敲碎打对流动性的流量进行调控管得了一时，管不了长久。为提高境外投机力量融资做空人民币的成本，控制境内人民币流向境外的规模，就需要加强对人民币跨境资本流动的宏观审慎管理。2016 年 1 月 25 日起，人民银行对境外金融机构在境内金融机构存放执行正常存款准备金率。这一举措以流动性存量为抓手，兼顾流量，既是对现有存款准备金制度的进一步完善，也建立起了对跨境人民币资金流动进行逆周期调节的长效机制。

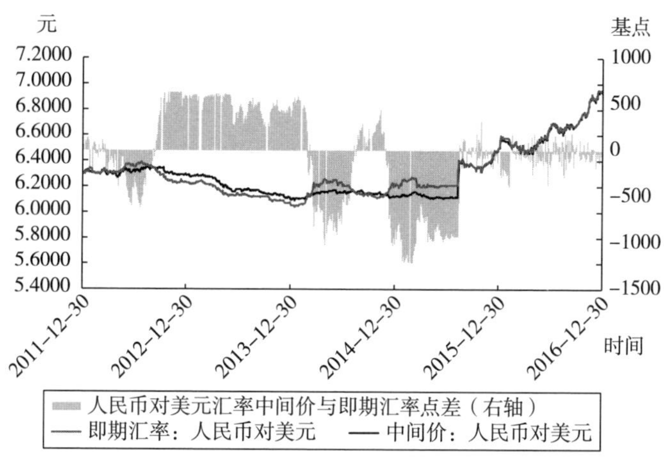

图 2. 3　2011—2016 年人民币对美元即期汇率和中间价

（数据来源：Wind）

在境外投机势力做空人民币的同时，一些两头在外的加工贸易企业也开始套取即期汇差。它们动用人民币存款以 CNY 价格购汇，再汇往境外以 CNH 价格卖汇，收到的人民币资金则以跨境贸易结算渠道汇回，如此反复。此外还有一些进口企业套取远期汇差。它们在境内办理远期购汇，其境外关联机构则在境外办理远期结汇，锁定汇差，这类企业大量构造贸易单据境内办理远期购汇，银行即期购汇平盘，导致境内外汇供不应求缺口扩大。为此，人民银行分别于 2015 年 8 月底以及 9 月中旬对银行远期售汇和人民币购售业务采取了宏观审慎管理措施，要求金融机构按其远期售汇（含期权和掉期）签约额的20%交存外汇风险准备金，并提高了跨境人民币购售业务存在异常的个别银行购售平盘手续费率，旨在通过价格手段抑制部分企业及境外主体汇率方面的投机行为。

2017年以来，随着供给侧结构性改革、简政放权、创新驱动战略等深化实施，我国经济结构加快调整，发展新动能增强，经济增长的稳定性、协调性进一步增强。同时，国际市场美元对主要货币持续走弱。2017年9月，考虑到市场环境已发生较大变化，人民银行调整了外汇风险准备金政策和对境外金融机构境内存放执行正常准备金率的政策，将外汇风险准备金征收比例降为零，并取消对境外金融机构境内存放准备金的穿透式管理。2018年第二季度以来，受美元指数走强和贸易摩擦影响，人民币汇率有所贬值，市场又出现了一些非理性行为，鉴于此，央行重启了远期售汇风险准备金政策，稳定市场预期，保持人民币汇率在合理均衡水平上的基本稳定，为货币政策更多关注国内目标创造空间。2020年以来，人民币汇率以市场供求为基础双向浮动，弹性增强，市场预期平稳，跨境资本流动有序，外汇市场运行稳定，人民银行决定自10月12日起将远期售汇业务的外汇风险准备金率从20%下调为0。

总的来看，宏观审慎政策和货币政策的配合可以较好地应对复杂形势的挑战。从政策落实情况看，政策实施后，银行体系流动性基本适度，货币信贷和社会融资规模保持平稳增长，绝大多数银行业金融机构经营稳健，金融市场上的加杠杆和投机行为得到了一定程度的抑制，银行和企业的正常需求也得到了保障。货币政策和宏观审慎政策相互配合，为供给侧结构性改革营造了适度的货币金融环境，同时较好地防范了系统性金融风险，维护了金融稳定，有力促进了我国经济健康可持续发展。

4. 宏观审慎政策与货币政策配合共同维护金融稳定

近年来，立足我国实际，借鉴国际组织和主要经济体实践经验，我国建立了宏观审慎政策框架，研究编制《宏观审慎政策指引》，围绕政策目标、系统性风险监测评估、政策工具箱、政策传导等要点，健全宏观审慎治理机制，探索建立具有中国特色的宏观审慎政策框架。

一是有序推进系统重要性金融机构监管。2018 年 11 月，人民银行联合监管部门发布了《关于完善系统重要性金融机构监管的指导意见》，确立了我国系统重要性金融机构监测、监管和风险处置的总体制度框架。在总体制度框架下，2020 年 12 月，人民银行会同银保监会正式发布《系统重要性银行评估办法》，明确了我国系统重要性银行的评估办法、评估范围、评估流程和工作分工，从规模、关联度、可替代性和复杂性四个维度确立了我国系统重要性银行的评估指标体系，这是系统重要性银行认定的依据，也是对系统重要性银行提出附加监管要求、恢复和处置计划要求、实施早期纠正机制的基础。2021 年 10 月，在借鉴国际金融监管的实践经验，充分考虑我国银行业实际情况的基础上，人民银行会同银保监会发布《系统重要性银行附加监管规定（试行）》，明确附加监管指标要求，包括附加资本、附加杠杆率等，明确恢复与处置计划要求，同时从信息报送与披露、风险数据加总和风险报告、公司治理要求等方面明确了监管要求。

二是加强金融控股公司监管。2020 年 9 月，国务院发布《关于实施金融控股公司准入管理的决定》，明确非金融企业控股或实际控股两类或者两类以上金融机构，具有规定情形的，应当向人民银行提出申请，经批准设立金融控股公司，并接受监管。同月，人民银行发布《金融控股公司监督管理运行办法》，遵循宏观审慎管理理念，以并表为基础，按照全面、持续、穿透的原则，对非金融企业投资控股形成的金融控股公司依法准入并实施监督，规范金融控股公司的经营行为。该办法的实施，继续坚持金融业总体分业经营为主的原则，从制度上隔离实业板块与金融板块，有利于金融控股公司持续健康发展，有利于防范风险交叉传染和进一步促进经济金融良性循环。

三是加强对金融基础设施的宏观审慎管理。2020 年 2 月，人民银行等六部门联合印发《统筹监管金融基础设施工作方案》，明确将金融资产登记托管系统、清算结算系统、交易设施、交易报告库、重要支付系统、基础征信系统六类设施及其运营机构，纳入统筹监管范围，统一监管标准，健全准入管理，优化设施布局，健全治理机制。

第三章　宏观审慎政策与货币政策协调配合的DSGE模型

◎ 一、文献回顾

保持货币稳定和金融稳定一直是中央银行的两个重要职责，但是在国际金融危机爆发前，通过货币政策以实现价格稳定的职责明显得到了央行的更多关注。自国际金融危机爆发以来，对确保金融稳定的宏观审慎政策的研究急剧增加。由于在大多数国家（包括中国），货币政策和宏观审慎政策均由央行执行，因而产生了两个政策之间如何相互作用和如何相互协调的问题。正如 Borio 等（2002）所指出的，货币政策和宏观审慎政策既可能是互补的，即在保证金融稳定的同时有利于促进价格稳定，也可能是相互冲突或者替代的，这为政策制定者带来了政策选择和协调的困境。我们将利用一个动态随机一般均衡（DSGE）模型来模拟和讨论中国货币政策与宏观审慎政策的相互关系。

DSGE 模型虽用于宏观经济分析，却是从微观经济主体的行为优化入手，实现了宏观经济学和微观经济学的结合。DSGE 模型包含三个关键词：动态、随机、一般均衡。这三个关键词表达了该模型的特征，具体而言，动态指的是经济系统中各个经济主体的行为主导是动态的跨期最优选择；随机是指经济系统随时都受到各种各样的外生冲击的影响，经济波动的原因是这些外生冲击；一般均衡则指宏观经济系统中居民、企业、政府和金融机构都在其约束条件下，作出自身最优的选择，经济最后达到均衡状态，这个均衡是指所有经济主体同时实现均衡。近年来，DSGE 模型正成为宏观经济分析的主流工具，且因其在经济波动、宏观政策效应分析方面的优势而受到众多经济学家和政策制定者的广泛关注。

最早的DSGE模型雏形是Kydland和Prescott（1980）提出的实际经济周期（RBC）模型，该模型虽然简单，但是包含理性预期和信息完全的假设。他们使用动态优化的方法将各经济主体行为求出，然后模拟发现技术冲击是经济波动的主要原因。如今看来，该模型中的价格弹性假设与现实不符，但是给出了不确定经济环境下宏观经济分析的变革性思路：将微观个体优化行为与宏观经济分析相结合。后续DSGE模型虽不断衍化拓展，但该思路是始终不变的根本。针对经济现实的复杂性，后期大量涌现的DSGE模型均是在RBC模型基础上进行有益的深化，包括引入交易成本、价格黏性、垄断竞争、信息不对称、有限理性预期、劳动力市场摩擦、金融市场摩擦、资本流动和开放经济等。

Blanchard和Kiyotaki（1987）在RBC模型的基础上引入垄断竞争、价格黏性，发展成标准的新凯恩斯主义DSGE模型（简称NKM模型）。Bernanke等（1999）在NKM模型的基础上，依据信息不对称和代理人理论引入金融加速器效应，提出了BGG模型（Bernanke－Gertler－Gilchfist模型，1999年正式称此模型为BGG模型），以描述信贷市场摩擦和信贷市场结构对实体经济的影响，模型拟合了现实中“小波动、大冲击”的经济现实。此后有关金融市场摩擦的DSGE模型大多以此为基础。Christiano等（2005）将名义和真实摩擦引入新凯恩斯模型中，研究发现，这些摩擦如工资黏性、消费惯性、投资可调成本、可变资本利用率等能解释主要的宏观时间序列特征。目前分析政策效应的DSGE模型大部分以CEE模型为内核。Christiano等（2002）构建了一个比BGG模型更详尽的银行系统DSGE模型。Smets和Wouters（2003）在Christiano等（2002）研究的基础上进一步引入3个需求冲击和3个成本冲击、生产率冲击和技术冲击，并与标准的VAR模型和BVAR模型的拟合效果进行比较，发现DSGE模型表现优于VAR模型，并且不差于BVAR模型。目前，SW模型已经成为欧洲央行进行经济预测和分析的标准模型。Adolfson 等（2007，2008）建立了一个包括进出口价格刚性和不允许汇率转嫁的小型开放 DSGE 模型。Altig 等（2011）将银行部门引入 DSGE 模型，在假设金融市场存在金融摩擦的条件下利用该模型实证分析发现加入银行时 DSGE 模型能够提高模拟的拟合效果。以 SW 模型为内核，欧洲央行研究人员又开发出了包含金融部门的 CMR 模型和包含国外部门的 NAWM 模型。许多央行开始使用该模型来进行宏观经济预测与货币政策指导。

美国次贷危机后，随着宏观审慎政策成为金融宏观调控的第二支柱，国内外对该领域的研究和实践日益深入。货币政策和宏观审慎政策拥有各自的操作空间又彼此独立，真正的问题不在于如何对两者进行取舍，而是两者之间的协调和配合如何进行。DSGE 模型是研究货币政策与宏观审慎政策相互关系的通用工具。Woodford（2012），Cúrdia 和 Woodford（2010）在一个 DSGE 框架内利用存贷差的外生过程来代替金融系统的不稳定性，研究结果表明，基于泰勒规则的货币政策包含与该存贷差有关的前瞻性金融不稳定指标，但是他们并没有对系统风险进行模拟。Bean 等（2010），Gertler 和 Karadi（2011）利用 DSGE 模型研究了货币政策和宏观审慎政策的相互作用，他们利用对银行资本的直接限制来代表一种宏观审慎政策操作。Angeloni 和 Faia（2013）的研究认为，货币政策不仅要对价格和产出的波动作出反应，也要对资产价格和债务杠杆作出反应。在一个包含房屋价格的动态随机一般均衡模型内，Kannan 等（2009）发现利用宏观审慎政策工具来消除信贷周期有助于货币政策的稳定效果。Angelini 等（2011）在一个包含银行部门的 DSGE 模型下发现宏观审慎政策是货币政策的有力补充。Gloeker 和 Towbin（2012）建立了一个小国开放 DSGE 模型，利用该模型探讨了存款准备金作为两种政策工具的可行性。Quint 和 Rabanal（2014）为欧元区估计了一个开放经济 DSGE 模型并研究货币政策与宏观审慎政策的关系。他们发现，引入宏观审慎政策有助于减少宏观经济的波动。一些学者也利用DSGE模型来模拟中国的货币政策和宏观审慎政策，最成功的模拟来自Chen等（2012）专门针对中国货币政策特点开发的DSGE模型。马勇和陈雨露（2013）利用一个DSGE模型研究了中国宏观审慎政策的协调与搭配问题，陈利锋（2013）提出了一个针对中国房地产市场的宏观审慎政策DSGE模型。

国际社会应对金融危机的经验表明，宏观审慎政策比货币政策更能有效维护金融体系的稳定（Ageloni和Faia，2013）。单纯使用利率政策调控杠杆率的效果比较有限，还需要配合使用宏观审慎政策（Korinek和Simsek，2016）。而且单独使用货币政策在面对传统冲击时能够维护宏观经济稳定，但面对非传统冲击时宏观审慎政策配合货币政策共同维护金融经济的效果更明显（梁璐璐等，2014）。中央银行配合运用货币政策和宏观审慎政策不仅能够使经济波动最小，而且可以较好地维护金融体系的稳定（程璐，2015）。陈明玮等（2016）的研究还指出，资本类和信贷类的宏观审慎工具与传统的利率政策工具配合使用，二者形成有效的协调互补，既能够保证经济的总产出，又可以在一定程度上平抑信贷激增和杠杆率骤升等失衡性金融波动，抑制金融的顺周期效应，从而实现宏观经济和金融体系的平稳运行。闫先东和张鹏辉（2017）的分析也认为，逆周期的货币政策与宏观审慎政策配合能够在使实体经济不受损害的情况下，有效维护货币政策目标，同时能够缓解金融顺周期性导致的失衡问题。逆周期资本要求宏观审慎政策能较好地稳定金融波动，并有效改善社会福利，在市场受到金融冲击的时候宏观审慎政策对货币政策能起到辅助作用（王爱俭和王璟怡，2014）。虽然宏观审慎政策比货币政策在维护金融稳定方面更有优势，但宏观审慎政策也具有不确定性，需要与货币政策协调配合，二者合理搭配可以有效降低单一政策遇到的多目标困境，较好地稳定经济和金融系统（Vinals和Feichter，2010；马勇和陈雨露，

2013)。Angelini等（2014）研究得出，货币政策通过信贷、资产价格影响宏观经济，宏观审慎政策通过调控银行信贷影响金融体系，二者相互作用共同维护经济金融的稳定；如果两个政策缺乏合作，则会导致政策利率和资本要求过度波动。

国内学者对货币政策与宏观审慎政策调控问题已经做了有益的讨论，但仍存在需要改进的地方：一是现有研究大多仅探讨一种货币政策与宏观审慎政策组合（尤其较多使用货币政策+贷款价值比）应对外生冲击的情况，而事实上，采取不同类型的货币政策与宏观审慎政策组合（如货币政策+资本充足率）进行调控，由于其对经济金融的作用机制不同，最终对调控目标的影响效果也存在差异。二是以往基于DSGE模型对货币政策与宏观审慎政策搭配的研究较少考虑金融摩擦，然而在当前的经济系统中金融摩擦因素不容忽视。为了弥补已有研究的不足，量化分析宏观审慎政策与货币政策配合的效果，我们借鉴Gerali等（2010）、Angelini等（2014）的DSGE模型特点，构建一个带有金融摩擦的DSGE模型，深入系统地研究不同类型的货币政策和宏观审慎政策工具组合的调控效果及机制，分析如何使用“货币政策+宏观审慎政策”双支柱框架，能够更好地实现促进经济增长（包含物价稳定）和维护金融稳定的双重目标。

◎ 二、模型框架

本书的DSGE模型中包含居民、企业家、零售商、商业银行、中央银行等部门，其中商业银行是不完全竞争的，且以二次调整成本方程的方式引入金融摩擦。借贷型居民从银行获得贷款用来购买耐用消费品，储蓄型居民将剩余收入存入银行获得利息收入，零售商以批发价格从企业家手中购买中间产品。商业银行的资产负债表约束通过银行利润影响银行资本，对贷款的供给和成本产生影响，并满足中央银行的资本充足率要求。商业银行具有积累和分配资金的市场力量，且对借贷型居民和企业家的贷款设置有区别的贷款利率，同时商业银行的零售利率和中央银行的政策利率之间存在黏性。中央银行同时实行货币政策和宏观审慎政策。

1. 居民

假设经济中存在无限期居民，居民分为储蓄型居民和借贷型居民。借贷型居民从银行获得贷款用来购买耐用消费品，储蓄型居民将剩余收入存入银行获得利息收入。储蓄型居民和借贷型居民都在给定的预算约束下最大化效用的期望现值，选择消费、房屋、存款和劳动供给的最优路径。其中，借贷型居民还面临以抵押品约束形式存在的借款约束。

（1）储蓄型居民

储蓄型居民的目标函数为：

$$E_0 \sum_{t=0}^{\infty} \beta_P^t \left[(1 - a^P) \log(c_t^P - a^P c_{t-1}^P) + \varepsilon_t^h \log h_t^P - \frac{(l_t^P)^{1+\phi}}{1+\phi} \right] \quad (3.1)$$

其预算约束为：

$$c_t^P + q_t^h (h_t^P - h_{t-1}^P) + d_t^P = w_t^P l_t^P + (1 + r_{t-1}^d) d_{t-1}^P / \pi_t + J_t^R \quad (3.2)$$

其中，d_t^P 为储蓄型居民持有的实际存款余额，r_t^d 为储蓄型居民获得的存款利率，h_t^P 为储蓄型居民持有的房屋存量，l_t^P 为储蓄型居民向企业家提供的劳动力数量，w_t 为储蓄型居民获得的单位实际工资，c_t^P 为储蓄型居民的消费数量，β_P 为储蓄型居民的主观贴现因子，a^P 为储蓄型居民的消费惯性因子，q_t^h 为房屋的实际价格，ε_t^h 为房屋的需求冲击，ϕ 为劳动供给弹性的倒数，π_t 为通货膨胀率。

其一阶优化条件为：

$$\frac{1-a^{P}}{c_{t}^{P}-a^{P}c_{t-1}^{P}}=\lambda_{t}^{P} \tag{3.3}$$

$$\lambda_{t}^{P}q_{t}^{h}=\frac{\varepsilon_{t}^{h}}{h_{t}^{P}}+\beta_{P}E_{t}(\lambda_{t+1}^{P}q_{t+1}^{h}) \tag{3.4}$$

$$\lambda_{t}^{P}=\beta_{P}E_{t}\left[\lambda_{t+1}^{P}\frac{1+r_{t}^{d}}{\pi_{t+1}}\right] \tag{3.5}$$

（2）借贷型居民

借贷型居民的目标函数为：

$$E_{0}=\sum_{t=0}^{\infty}\beta_{I}^{t}\left[(1-a^{I})\log(c_{t}^{I}-a^{I}c_{t-1}^{I})+\varepsilon_{t}^{h}\log h_{t}^{I}-\frac{(l_{t}^{I})^{1+\phi}}{1+\phi}\right] \tag{3.6}$$

其预算约束为：

$$c_{t}^{I}+q_{t}^{h}(h_{t}^{I}-h_{t-1}^{I})+(1+r_{t-1}^{bH})b_{t-1}^{I}/\pi_{t}=w_{t}^{I}l_{t}^{I}+b_{t}^{I} \tag{3.7}$$

其借贷约束为：

$$(1+r_{t}^{bH})b_{t}^{I}\leqslant m_{t}^{I}E_{t}(q_{t+1}^{h}h_{t}^{I}\pi_{t+1}) \tag{3.8}$$

其中，b_{t}^{I} 为借贷型居民的实际贷款余额，r_{t}^{bH} 为借贷型居民的贷款利率，h_{t}^{I} 为借贷型居民持有的房屋存量，l_{t}^{I} 为借贷型居民向企业家提供的劳动力，w_{t} 为借贷型居民获得的单位实际工资，c_{t}^{I} 为借贷型居民的消费数量，a^{I} 为借贷型居民的消费惯性因子，ε_{t}^{h} 为房屋需求冲击。β_{I} 为借贷型居民的主观贴现因子，为保证稳态时借贷型居民是经济体的净借款方，假设借贷型居民的贴现因子 $\beta_{I}<\beta_{P}$。m_{t}^{I} 为借贷型居民的贷款价值比（LTV）。我们把 m_{t}^{I} 作为中央银行的一种宏观审慎政策工具，即利用它对经济金融周期的波动进行逆周期的调控。

其一阶优化条件为：

$$\frac{1-a^{I}}{c_{t}^{I}-a^{I}c_{t-1}^{I}}=\lambda_{t}^{I} \tag{3.9}$$

$$\lambda_{t}^{I}q_{t}^{h}=\frac{\varepsilon_{t}^{h}}{h_{t}^{I}}+\beta_{I}E_{t}(\lambda_{t+1}^{I}q_{t+1}^{h})+s_{t}^{I}m_{t}^{I}q_{t+1}^{h}\pi_{t+1} \tag{3.10}$$

$$\lambda_{t}^{I}=\beta_{I}E_{t}\left[\lambda_{t+1}^{I}\frac{1+r_{t}^{bH}}{\pi_{t+1}}\right]+s_{t}^{I}(1+r_{t}^{bH}) \tag{3.11}$$

2. 企业家

假设存在大量同质的无限期的企业家，其目标是最大化效用的期望现值，并且效用函数只考虑企业家的消费。

企业家的目标函数为：

$$E_{0}=\sum_{t=0}^{\infty}\beta_{E}^{t}[(1-a^{E})\log(c_{t}^{E}-a^{E}c_{t-1}^{E})] \tag{3.12}$$

其预算约束为：

$$c_{t}^{E}+w_{t}^{P}l_{t}^{E,P}+w_{t}^{I}l_{t}^{E,I}+(1+r_{t-1}^{bE})b_{t}^{E}/\pi_{t}+q_{t}^{k}k_{t}^{E}$$
$$=\frac{y_{t}^{E}}{x_{t}}+b_{t}^{E}+q_{t}^{k}(1-\delta)k_{t-1}^{E} \tag{3.13}$$

其借贷约束为：

$$(1+r_{t}^{bE})b_{t}^{E}\leqslant m_{t}^{E}E_{t}[q_{t+1}^{k}\pi_{t+1}(1-\delta)k_{t}^{E}] \tag{3.14}$$

其中，k_{t}^{E} 企业家购买的资本品数量，q_{t}^{k} 为资本品的实际价格，c_{t}^{E} 为企业家的消费，b_{t}^{E} 为企业家的实际贷款余额，r_{t}^{bE} 为企业家的贷款利率，$\frac{1}{x_{t}}$ 为中间产品相对于最终产品的价格（即 x_{t} 为成本加成）。β_{E} 为企业家的主观贴现因子，且 $\beta_{E}<\beta_{P}$ 。

企业家在资本 k_{t}^{E} 和贷款 b_{t}^{E} 上做最优选择，同时受到贷款抵押约束和预算约束，且贷款抵押品为资本品，m_t^E 为企业家的贷款价值比。a^E 为企业家的消费惯性因子，δ 为资本折旧率。

其一阶优化条件为：

$$\frac{1-a^E}{c_t^E-a^E c_{t-1}^E}=\lambda_t^E \tag{3.15}$$

$$\lambda_t^E=\beta_E E_t\left[\lambda_{t+1}^E\frac{1+r_t^{bE}}{\pi_{t+1}}\right]+s_t^E(1+r_t^{bE}) \tag{3.16}$$

$$\begin{aligned}\lambda_t^E q_t^k=&\beta_E E_t\lambda_{t+1}^E[r_{t+1}^k+q_{t+1}^k(1-\delta)]\\&+E_t[s_t^E m_t^E q_{t+1}^k\pi_{t+1}(1-\delta)]\end{aligned} \tag{3.17}$$

假设企业家通过柯布－道格拉斯型生产技术生产无差别的中间产品：

$$y_t^E=A_t^E(k_{t-1}^E)^{\alpha}[(l_t^{E,P})^{\mu}(l_t^{E,I})^{1-\mu}]^{1-\alpha} \tag{3.18}$$

其中，A_t^E 为生产技术，α 为资本品收入份额，μ 为储蓄型居民劳力所占比重。

新的资本品的生产是利用资本存量和投资进行的，即从企业家购买上期未折旧的资本品 $(1-\delta)k_{t-1}^E$，并从零售商购买 I_t 单位的最终产品，用来生产资本品 k_t^E，即资本积累方程为：

$$k_t^E-(1-\delta)k_{t-1}^E=I_t \tag{3.19}$$

企业家的工资支出和单位资本成本支出满足：

$$w_t^P=\mu(1-\alpha)\frac{y_t^E}{l_t^{E,P}}\frac{1}{x_t} \tag{3.20}$$

$$w_t^I=(1-\mu)(1-\alpha)\frac{y_t^E}{l_t^{E,I}}\frac{1}{x_t} \tag{3.21}$$

$$r_t^k=\alpha A_t^E(k_{t-1}^E)^{\alpha-1}[(l_t^{E,P})^{\mu}(l_t^{E,I})^{1-\mu}]^{1-\alpha}\frac{1}{x_t} \tag{3.22}$$

3. 零售商

假设零售商以利润最大化为目标，其以批发价格从企业家手中购买中间产品，并且在调整产品价格时面临 Rotemberg 二次调整成本，从而存在价格黏性，最终产品市场即为垄断竞争市场。

零售商的利润函数为：

$$E_0 = \sum_{t=0}^{\infty} \beta_P^t \lambda_t^P \left[y_t(j)\left(1 - \frac{1}{x_t}\right) - \frac{k_P}{2}\left(\pi_t - \pi_{t-1}^{lP}\pi^{1-lP}\right)^2 P_t y_t \right] \quad (3.23)$$

产品需求函数为：

$$y_t(j) = \left(\frac{P_t(j)}{P_t}\right)^{-\varepsilon_t^y} y_t \quad (3.24)$$

其中，lP 为上期通胀相对稳态通胀的权重，κ_P 为零售商调整成本系数，ε_t^y 为零售商的需求价格弹性。

其一阶优化条件为：

$$\begin{aligned} &1 - \varepsilon_t^y + \frac{\varepsilon_t^y}{x_t} - k_P(\pi_t - \pi_{t-1}^{lP})\pi_t \\ &+ \beta_P E_t \left[\frac{\lambda_{t+1}^P}{\lambda_t^P} k_P (\pi_{t+1} - \pi_t^{lP}\pi^{1-lP}) \pi_{t+1}^2 \frac{y_{t+1}}{y_t} \right] = 0 \end{aligned} \quad (3.25)$$

4. 商业银行

商业银行包括两个部门，即银行的批发部门、零售部门。在商业银行的资产负债表上，负债方包括存款和资本，资产方主要是应收贷款。银行的资产负债表约束通过银行利润影响银行资本，对贷款供给和贷款成本产生影响。银行通过留存收益积累资本，并需要满足中央银行规定的资本充足率要求。假定银行具有积累和分配资金的市场力量，且对借贷型居民和企业家的贷款设置有区别的贷款利率，同时银行的零售利率和中央银行的政策利率之间存在黏性。

（1）银行批发部门

假设银行资本通过补充留存收益来增加，即上期的银行资本与留存收益之和就是本期的银行资本。银行的利润全部转化为资本：

$$\pi_t K_t^b = (1-\delta^b) K_{t-1}^b / \varepsilon_t^k + j_{t-1}^b \tag{3.26}$$

其中，K_t^b 为银行资本，δ^b 为银行资本折旧率，j_{t-1}^b 为上期留存收益，ε_t^k 为银行资本冲击。

银行批发部门决定银行的资产和存款规模，其负债端是银行零售存款部门的资本金 K_t^b 和存款 D_t，即可供贷款的资金来源于银行资本和存款，资产端是对银行零售贷款部门的贷款 B_t，满足会计恒等式：

$$B_t = D_t + K_t^b \tag{3.27}$$

银行批发部门还面临中央银行的资本充足率监管要求。当银行的资本与信贷的比重 K_t^b/B_t 偏离中央银行设定的资本充足率要求 ν_t^b 时，银行还将付出监管成本 $(\kappa_{Kb}/2)(K_t^b/B_t-\nu_t^b)^2K_t^b$，监管成本系数 κ_{Kb} 反映了中央银行的监管力度。

银行批发部门的目标是最大化其贴现现金流之和，通过在会计恒等式约束下选择最优的贷款 B_t 和存款 D_t 来实现：

$$E_0 = \sum_{t=0}^{\infty} \beta_P^t \lambda_t^P \left[R_t^b B_t - R_t^d D_t - \frac{\kappa_{Kb}}{2}\left(\frac{K_t^b}{B_t}-\nu_t^b\right)^2 K_t^b \right] \tag{3.28}$$

其中，R_t^b 为银行批发部门的贷款利率。

假设银行批发部门的存款利率 R_t^d 等于中央银行的政策利率 r_t。求解上述优化问题可以得到：

$$R_t^b = r_t - \kappa_{Kb}\left(\frac{K_t^b}{B_t} - v_t^b\right)\left(\frac{K_t^b}{B_t}\right)^2 \tag{3.29}$$

由式（3.29）可知，资本充足率政策通过影响银行的贷款利率成本产生作用，提高资本充足率要求会使银行批发部门的贷款利率上升，从而通过银行零售贷款部门的成本加成提升零售贷款利率，使企业的贷款需求减少，其中中央银行的惩罚力度 κ_{Kb} 起着重要作用。

（2）银行零售部门

在信贷市场上，银行零售部门 j 的零售渠道提供了一篮子不同的存款 $d_t^P(j)$ 以及对借贷型居民的贷款 $b_t^I(j)$ 和对企业家的贷款 $b_t^E(j)$。因此，存款和贷款的需求函数分别为：

$$d_t^P(j) = \left(\frac{r_t^d(j)}{r_t^d}\right)^{-\varepsilon_t^d} d_t \tag{3.30}$$

$$b_t^I(j) = \left(\frac{r_t^{bH}(j)}{r_t^{bH}}\right)^{-\varepsilon_t^{bH}} b_t^I,\ b_t^E(j) = \left(\frac{r_t^{bE}(j)}{r_t^{bE}}\right)^{-\varepsilon_t^{bE}} b_t^E \tag{3.31}$$

在式（3.30）、式（3.31）中，ε_t^d、ε_t^{bH} 以及 ε_t^{bE} 分别为对存款、借贷型居民贷款和企业家贷款的替代弹性。利率由银行零售部门 j 决定。当设定利率时，替代弹性影响对存款和贷款的总体加成水平，并且依次减弱了货币政策的传导效果。

银行零售贷款部门的贷款包括企业家贷款和借贷型居民的住房抵押贷款。从银行零售贷款部门 j 所筹集批发贷款 b_t，并且可以无成本地区分，以单独的利率发放给借贷型居民和企业家。

银行零售贷款部门的目标函数为：

$$E_0 = \sum_{t=0}^{\infty} \beta_P^t \lambda_t^P \Big[r_t^{bH}(j) b_t^I(j) + r_t^{bE}(j) b_t^E(j) - R_t^b B_t(j) - \frac{\kappa_{bH}}{2}\left(\frac{r_t^{bH}(j)}{r_{t-1}^{bH}(j)} - 1\right)^2 r_t^{bH} b_t^I - \frac{\kappa_{bE}}{2}\left(\frac{r_t^{bE}(j)}{r_{t-1}^{bE}(j)} - 1\right)^2 r_t^{bE} b_t^E \Big] \quad (3.32)$$

其中，$B_t(j) = b_t(j) = b_t^I(j) + b_t^E(j)$，约束条件为贷款需求函数，$\kappa_{bH}$ 和 κ_{bE} 分别为借贷型居民和企业家贷款利率的二次调整成本系数。

当达到对称性均衡时，求解一阶条件得出借贷型居民和企业家的贷款利率分别为：

$$1 - \varepsilon_t^{bH} + \varepsilon_t^{bH} \frac{R_t^b}{r_t^{bH}} - \kappa_{bH}\left(\frac{r_t^{bH}}{r_{t-1}^{bH}} - 1\right)\frac{r_t^{bH}}{r_{t-1}^{bH}} + \beta_P E_t \left\{ \frac{\lambda_{t+1}^P}{\lambda_t^P} \kappa_{bH}\left(\frac{r_{t+1}^{bH}}{r_t^{bH}} - 1\right)\left(\frac{r_{t+1}^{bH}}{r_t^{bH}}\right)^2 \frac{b_{t+1}^I}{b_t^H} \right\} = 0 \quad (3.33)$$

$$1 - \varepsilon_t^{bE} + \varepsilon_t^{bE} \frac{R_t^b}{r_t^{bE}} - \kappa_{bE}\left(\frac{r_t^{bE}}{r_{t-1}^{bE}} - 1\right)\frac{r_t^{bE}}{r_{t-1}^{bE}} + \beta_P E_t \left\{ \frac{\lambda_{t+1}^P}{\lambda_t^P} \kappa_{bE}\left(\frac{r_{t+1}^{bE}}{r_t^{bE}} - 1\right)\left(\frac{r_{t+1}^{bE}}{r_t^{bE}}\right)^2 \frac{b_{t+1}^E}{b_t^E} \right\} = 0 \quad (3.34)$$

由批发贷款利率向零售贷款利率的传导途径为：批发贷款利率的成本加成得到零售贷款利率，对借贷型居民贷款利率的调整系数 κ_{bH} 和对企业家贷款利率的调整系数 κ_{bE} 决定其动态调整幅度，银行零售贷款部门的垄断竞争程度 ε_t^{bH} 和 ε_t^{bE} 决定其加成幅度。

银行零售存款部门的目标函数为：

$$E_0 = \sum_{t=0}^{\infty} \beta_P^t \lambda_t^P \left[r_t D_t(j) - r_t^d(j) d_t^P(j) - \frac{\kappa_d}{2}\left(\frac{r_t^d(j)}{r_{t-1}^d(j)} - 1\right)^2 r_t^d d_t \right] \quad (3.35)$$

其中，$D_t(j) = d_t^P(j)$，约束条件为存款需求函数，κ_d 为存款利率的二次调整成本系数。

当达到对称性均衡时，求解一阶条件得出存款利率为：

$$-1+\varepsilon_t^d-\varepsilon_t^d\frac{r_t}{r_t^d}-\kappa_d\left(\frac{r_t^d}{r_{t-1}^d}-1\right)\frac{r_t^d}{r_{t-1}^d}+\beta_P E_t\left\{\frac{\lambda_{t+1}^P}{\lambda_t^P}\kappa_d\left(\frac{r_{t+1}^d}{r_t^d}-1\right)\left(\frac{r_{t+1}^d}{r_t^d}\right)^2\frac{d_{t+1}}{d_t}\right\}=0 \tag{3.36}$$

政策利率向零售存款利率的传导路径为：零售存款利率由政策利率的成本减成得到，其动态调整幅度由存款利率的调整系数 κ_d 决定，其减成幅度由银行零售存款部门的垄断竞争程度 ε_t^d 决定。

5. 中央银行

中央银行同时实行货币政策和宏观审慎政策，货币政策影响银行的存款利率和贷款利率，宏观审慎政策影响银行的贷款利率。需要说明的是，实践中货币政策的工具很多，既有量的工具，也有价的工具，但量价是相互转换的，最终都会体现为对市场利率的影响。因此在模型分析中，为了简化起见，我们选择政策利率作为关键变量。

（1）货币政策

货币政策通过控制政策利率的泰勒规则来制定：

$$1+r_t=(1+r)^{(1-\phi_R)}(1+r_{t-1})^{\phi_R}\left(\frac{\pi_t}{\pi}\right)^{\phi_\pi(1-\phi_R)}\left(\frac{y_t}{y_{t-1}}\right)^{\phi_y(1-\phi_R)}\varepsilon_t^r \tag{3.37}$$

其中，ϕ_y 和 ϕ_π 分别为政策利率对产出和通胀的反应系数，ϕ_R 为政策利率的惯性，r 为政策利率的稳态，π 为通货膨胀的稳态，ε_t^r 为政策利率冲击。

（2）宏观审慎政策

宏观审慎政策的目标是防范系统性金融风险和维护金融稳定，而金融稳定通常用与金融周期有关的变量如信贷等指标代替。为此，我

们引入信贷 B_t 作为金融稳定目标，并且以资本充足率 ν_t^b①、借贷型居民贷款价值比 m_t^I、企业家贷款价值比 m_t^E 作为宏观审慎政策工具。因此，宏观审慎政策规则方程如下：

$$mp_t = mp^{(1-\rho_{mp})} (mp_{t-1})^{\rho_{mp}} \left(\frac{B_t}{B_{t-1}}\right)^{(1-\rho_{mp})\phi_{mp}} \quad (3.38)$$

其中，mp_t 为资本充足率、贷款价值比等宏观审慎政策工具，mp 为宏观审慎政策工具的稳态值，ρ_{mp} 为宏观审慎政策工具的惯性（$0 < \rho_{mp} < 1$），ϕ_{mp} 为宏观审慎政策的敏感性参数②。ρ_{vb}、ρ_{mI}、ρ_{mE}为资本充足率、借贷型居民贷款价值比、企业家贷款价值比政策的惯性，ϕ_{vb}、ϕ_{mI}、ϕ_{mE}为资本充足率、借贷型居民贷款价值比、企业家贷款价值比政策的敏感性参数。

◎ 三、政策模拟

1. 参数校准

本书采用参数校准的方法对模型的基本参数进行赋值，参数校准值的设置主要参考了 Gerali、Neri、Sessa 和 Federico（2010），Angelini、Neri 和 Panetta（2014），方毅（2016）等国内外已有的相关研究成果，如表3.1所示。参照戴金平和陈汉鹏（2013）的做法，由于贴现因子与利率互为倒数，为保证贷款利率高于存款利率，假定 $\beta_E < \beta_P$ 和 $\beta_I < \beta_P$（保证稳

① 世界各国宏观审慎政策部门通过提高资本充足率、实施逆周期资本缓冲要求等工具控制系统性风险。Gerali 等、Angeloni 和 Faia、Angelini 等都将资本要求作为宏观审慎政策工具。《巴塞尔协 II》的第一大支柱是资本要求，因此，本书将动态的资本要求作为中央银行实施的宏观审慎政策工具。

② 需要注意的是，不同的政策工具，ϕ_{mp}的符号并不相同，其中贷款价值比对应的政策系数 ϕ_{mI}、ϕ_{mE}应小于0，而资本充足率要求对应的政策系数 ϕ_{vb} 大于0。为阐述方便起见，对于 ϕ_{mI}、ϕ_{mE}，直接在公式前面取负号，从而所有盯住系数都为非负数。

态时借贷型居民和企业家是经济体的净借款方），把储蓄型居民的主观贴现因子 β_P 校准为0.994，并将银行部门和零售商的主观贴现因子均设定为与其相等；把借贷型居民的主观贴现因子 β_I 校准为0.975，并将企业家的主观贴现因子 β_E 设定为与其相等。对于资本折旧率 δ，Iacoviello 和 Neri（2010）、黄志刚（2010）等国内外研究的一般做法是将年度折旧率设置为10%，则季度折旧率就设置为0.025，本书也采取这样的做法。鉴于国内文献鲜有研究劳动供给相对份额以及利率调整系数，因此参照国外 Angelini 等（2014）研究，将储蓄型居民劳力所占比重 μ 设定为0.8，将借贷型居民贷款利率、企业家贷款利率和存款利率的三个调整系数 κ_{bH}、κ_{bE}、κ_d 分别校准为10.09、9.364、3.503；将储蓄型居民、借贷型居民和企业家的三个消费惯性因子 a^P、a^I、a^E 均设置为0.856。资本品收入份额参数 α 的计算依赖于以收入法核算的国内生产总值，国内主要文献对资本品收入份额的校准值设定在0.3~0.5，参考简志宏等（2013）的测算，本书中取值为0.3。借鉴谷慎和岑磊（2015）的研究，把上期通胀相对稳态通胀的权重 lP、零售商调整成本系数 κ_P、银行资本折旧率 δ^b、银行监管成本系数 κ_{Kb} 分别校准为0.16、28.65、0.115、11.06。参照庄子罐等（2016）的研究，将政策利率的惯性 ϕ_R、对通胀反应系数 ϕ_π、对产出反应系数 ϕ_y 分别设定为0.75、2、0.1。借鉴方意（2016）、Gerali 等（2010）的设定，把资本充足率政策的惯性 ρ_{vb} 和敏感性参数 ϕ_{vb} 分别校准为0.8、2.35；借贷型居民 LTV 政策的惯性 ρ_{mI} 和敏感性参数 ϕ_{mI} 分别校准为0.925、3。接下来，我们还利用模型的基本方程和一阶条件求解模型的稳态值，然后对模型方程和一阶条件进行对数线性化，最后借助 Dynare 进行各种情境下的政策模拟分析。

表3.1　参数校准结果

参数	参数含义	校准值	参数	参数含义	校准值
β_P	储蓄型居民的主观贴现因子	0.994	κ_{Kb}	监管成本系数	11.06
a^P	储蓄型居民的消费惯性因子	0.856	κ_{bH}	借贷型居民贷款利率的调整系数	10.09

续表

参数	参数含义	校准值	参数	参数含义	校准值
ϕ	劳动供给弹性的倒数	1	κ_{bE}	企业家贷款利率的调整系数	9.364
a^I	借贷型居民的消费惯性因子	0.856	κ_d	存款利率的调整系数	3.503
β_I	借贷型居民的主观贴现因子	0.975	ϕ_R	政策利率惯性	0.75
β_E	企业家的主观贴现因子	0.975	ϕ_π	政策利率对通胀的反应系数	2
a^E	企业家的消费惯性因子	0.856	ϕ_y	政策利率对产出的反应系数	0.1
δ	资本折旧率	0.025	ρ_{vb}	资本充足率政策的惯性	0.8
α	资本品收入份额	0.3	ϕ_{vb}	资本充足率政策的敏感性参数	2.35
μ	储蓄型居民劳力所占比重	0.8	ρ_{mI}	借贷型居民 LTV 政策的惯性	0.925
lP	上期通胀相对稳态通胀的权重	0.16	ϕ_{mI}	借贷型居民 LTV 政策的敏感性参数	3
κ_P	零售商调整成本系数	28.65	ρ_{mE}	企业家 LTV 政策的惯性	0.892
δ^b	银行资本折旧率	0.115	ϕ_{mE}	企业家 LTV 政策的敏感性参数	3

2. 脉冲响应分析

使用脉冲响应方法研究在不同的宏观金融政策组合（货币政策与资本充足率政策、货币政策与借贷型居民贷款价值比政策、货币政策与企业家贷款价值比政策）下，房地产价格、杠杆率等主要内生变量对技术冲击、银行资本冲击以及房地产需求冲击的脉冲响应情况，如图 3.1 至图 3.3 所示。

（1）技术冲击①

图 3.1 给出了技术增加 1 个百分点的冲击时，产出、杠杆率等主要内生变量的各自反应情况。面对正向技术冲击，在三种政策组合作用下都有不同程度的变动，其中货币政策与企业家贷款价值比政策下主要内生变量的波动相对较小且恢复到均衡状态的速度最快，因此该

① 在没有金融摩擦的情况下，由于技术变革对实体经济的影响主要是投资和消费方面，因此通过单独使用货币政策改变信贷供给状况，基本可以控制产出和通胀的波动，这也是金融危机之前货币政策可以较好地维护宏观经济的稳定而未重视宏观审慎政策的原因所在。然而，当存在金融摩擦时，由于宏观审慎政策能对信贷和房地产市场产生直接影响，因此货币政策需要与宏观审慎政策一起协调，共同平衡稳增长和去杠杆目标。

政策组合相对更有效。

技术水平上升1%，提高了企业的生产效率，增强了企业的盈利能力，促进了企业的生产扩张，进而产出增加。生产扩大需要追加资本、劳动和房地产等要素投入，导致信贷和房价上升；同时，在房地产供给相对稳定的情况下，房地产需求会有所增加，导致信贷和房价上涨。房价上涨引致的财富效应和抵押品效应进一步激发居民的购房热情，刺激信贷上升，从而产出不断增加，房价和杠杆率上涨，房价上涨又导致通胀水平上升。

在使用货币政策和资本充足率要求政策工具组合的情况下，中央银行提高政策利率，经银行零售存款部门传导使存款利率上升，降低储蓄型家庭的消费，并经银行零售贷款部门传导使企业家贷款利率上升，降低其消费意愿，导致信贷需求减少，进而降低产出水平、抑制通胀。同时，中央银行提高商业银行的资本充足率要求，减少了商业银行的可贷资金，使得银行批发贷款利率增加，并经银行零售贷款部门传导到借贷型居民和企业家，导致借贷型居民贷款下降，从而降低了其对消费和房屋的需求；企业家贷款的可得性减少，导致产出下降，并且杠杆率出现降低趋势。宏观审慎政策与货币政策协调配合，共同推动经济逐步恢复至稳态水平。尽管此组政策工具也能影响企业家的信贷成本，但是由于资本充足率直接影响银行部门，而不是直接针对借贷型居民和企业家，因此政策效果较弱。

在使用货币政策和借贷型居民贷款价值比政策工具组合的情况下，为减轻技术冲击的不利影响，中央银行通过提升政策利率采取逆周期的货币政策，同时通过降低借贷型居民的贷款价值比实施逆周期的宏观审慎政策，从而限制了借贷型居民的借贷能力，削弱了其消费和购房需求的增长，抑制了产出和房价的上涨。因此，宏观审慎政策有效降低了房价波动，使得产出和杠杆率下降。然而，借贷型居民贷款受到限制，由于储蓄型居民和企业家的贷款的替代效应使得企业家贷款增加，产出上升，最终导致货币政策过度紧缩以及福利的下降。如果中央银行通过降低企业家的贷款价值比实施紧缩性宏观审慎政策，将导致企业家贷款降低，消费需求减少。因为企业家是产出的供给方，企业家贷款价值比政策限制了企业家的贷款，进而限制了产出进一步上升的压力，最终使得政策效果有所改善。

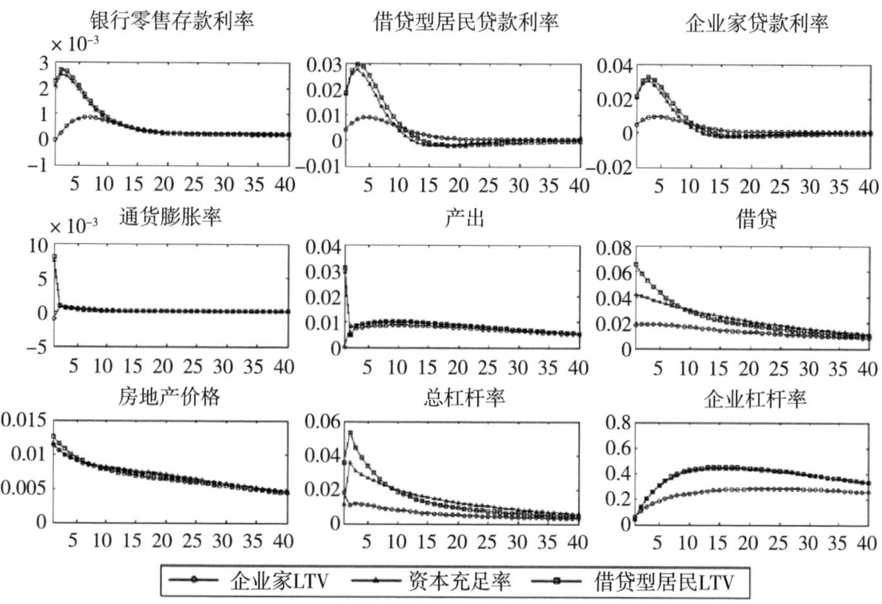

图 3.1　货币政策与宏观审慎政策组合应对技术冲击

（2）银行资本冲击①

图3.2给出了银行资本增加1个百分点的冲击时，产出、杠杆率等主要内生变量的各自反应情况。面对正向银行资本冲击，在三种政策组合作用下都有不同程度的变动，其中货币政策与资本充足率要求

① 银行资本对经济的影响主要是信贷方面，在未能有效抑制银行放贷冲动的情况下，单纯提高货币政策利率只能短暂地压低杠杆率，且产出增长会面临较长时间的持续收缩，由此导致的利率飙升将使私人部门、中小企业融资雪上加霜，可能将信贷资源进一步集聚到拥有刚性信贷需求、对利率不敏感的地方政府融资平台和房地产部门，“劣币驱良币”式的挤出效应愈发明显，宏观风险加快积聚，经济体系脆弱性不断上升。

政策下主要内生变量的波动相对较小且恢复到均衡状态的速度最快，因此该政策组合相对更有效。

如果发生1%的正向银行资本冲击，积极的金融冲击引起了商业银行总资产的增长，由于商业银行的总资产由企业贷款和抵押贷款组成，所以总信贷上升。积极的金融冲击一方面刺激了居民的消费需求，增加了社会总需求，提升了企业的生产扩张能力，进而推动了企业贷款的增加；另一方面导致借贷型居民的住房需求增加，进而引起了抵押贷款的增加，导致产出水平、房地产价格和杠杆率上升。

在使用货币政策和资本充足率政策工具组合的情况下，为避免信贷和产出的过度扩张，中央银行通过提高政策利率实施紧缩性货币政策，从而减少信贷需求，降低产出和通胀水平；同时，通过提高资本充足率要求实施逆周期性宏观审慎政策，导致可贷资金减少，从而抑制房地产价格和杠杆率水平。银行资本冲击下货币政策和资本充足率要求政策之间没有冲突，银行资本冲击导致产出和杠杆率同方向变动，同时使用两种政策更有利于维护经济金融的稳定。面对银行资本冲击，由于资本充足率直接影响银行部门，因此能够弥补贷款替代效应导致的政策效果减弱。这说明，在货币政策调控的基础上，加入资本充足率要求政策能有效维护宏观经济金融的稳定。2010年初至2011年末，中国在4万亿元经济刺激计划的背景下，资产市场和金融市场的流动性宽松受到金融管理部门的普遍重视。2010年10月20日、12月26日，2011年2月9日、4月6日，连续4次上调金融机构人民币存贷款基准利率，商业银行的货币创造能力大幅压缩，从而有效稳定经济增长。同时，将商业金融资本充足率要求由8%上升至11.5%，中小银行上升至10.5%，商业银行的风险资产及信贷规模被迫减少，从而积极控制杠杆率攀升。

在使用货币政策和借贷型居民贷款价值比政策工具组合的情况下，为抑制产出过度膨胀，中央银行通过提高政策利率实施紧缩性货币政策，导致消费下降，从而产出下降。同时，中央银行通过降低借贷型居民的贷款价值比实施紧缩性宏观审慎政策，导致借贷型居民贷款下降，进而房地产价格和杠杆率水平均有所下降，但企业家贷款能力上升，企业家投资和产出上升。由于正向资本冲击导致总信贷上升，但该宏观审慎政策只是控制借贷型居民的信贷，限制总信贷与限制借贷型居民信贷有一定的同向性，也存在一定的错配，这导致了该政策组合作用力度较弱。同理，如果中央银行通过降低企业家的贷款价值比实施紧缩性宏观审慎政策，将只是控制企业家的信贷，限制总信贷与限制企业家信贷仍存在一定的错配，但由于企业家投资和产出下降，政策效果会有所改善。

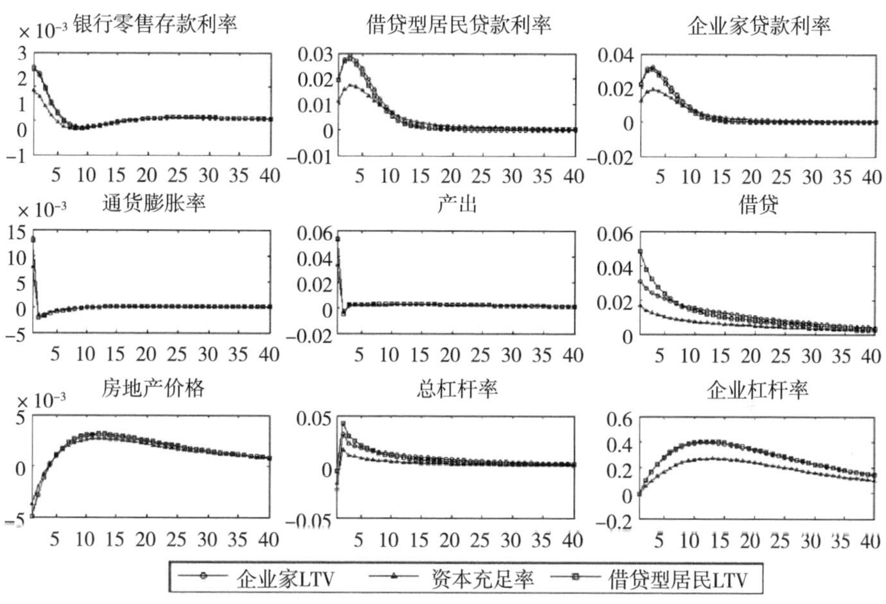

图3.2　货币政策与宏观审慎政策组合应对银行资本冲击

（3）房地产需求冲击

图3.3给出了房地产需求增加1个百分点的冲击时，产出、杠杆率等主要内生变量的各自反应情况。面对正向房地产需求冲击，在三种政策组合作用下都有不同程度的变动，其中货币政策与借贷型居民贷款价值比政策下主要变量的波动相对较小且恢复到均衡状态的速度

最快，因此该政策组合相对更有效。

当房地产需求冲击提高1%时，由于房地产供给相对稳定，从而推动信贷规模扩张和房价上涨，进一步引起住房信贷抵押品价值升高，促进居民购房需求上升。因此，企业扩大生产并增加对资本、劳动和房地产的需求，从而导致房地产投资增加，并促使信贷、房价和产出增长。同时，房价上涨还导致居民名义财富增加，从而加剧总需求的膨胀。

在使用货币政策和资本充足率要求政策工具组合的情况下，为避免产出过度膨胀，中央银行通过提高政策利率实施紧缩性货币政策，推高了存、贷款利率，抑制了消费和投资，降低了居民的住房需求，控制了房价过快上涨，产出随之下滑。同时，中央银行通过提高资本充足率要求实施紧缩性宏观审慎政策，使得银行批发贷款利率上升，进而使借贷型居民和企业家贷款利率上升，借贷型居民贷款有所降低，减少了其对住房的需求，导致住房信贷资金的减少，间接降低了房地产价格，减少了财富效应，使产出有所下滑，杠杆率下降。尽管此组政策工具也能影响房价，进而影响财富效应和产出增长，但由于资本充足率直接影响银行部门，不是直接针对借贷型居民，而借贷型居民是房价的主要推动力量，因此政策效果较弱。

在使用货币政策和借贷型居民贷款价值比政策工具组合的情况下，为了控制房价和产出过快增长，中央银行实施紧缩性货币政策，提高政策利率，进而传导至存款利率和贷款利率，以降低房地产开发和住房贷款需求，进而抑制产出和通胀水平。同时，为防范房价波动对金融体系造成不利影响，中央银行通过降低借贷型居民的贷款价值比实施逆周期的宏观审慎政策，削弱居民的资产抵押贷款能力，导致借贷型居民贷款急剧下降，使得借贷型居民对房屋需求大幅下降，降低了居民的购房冲动，制止了信贷和房价的进一步上涨，从而产出和杠杆率下降。由于房价的主要推动力量是借贷型居民，并且借贷型居民的信贷与房价之间相互依存，宏观审慎政策通过限制房价来限制借贷型居民信贷，因此政策有效。2003年起，我国房地产市场开始出现过热，但整体经济刚从之前长达数年的疲弱和通缩中复苏，尚未进入过热状态。这种形势并不适用于单纯采取大幅加息等总量措施，而应当配合采取收紧LTV等宏观审慎政策工具，更有针对性地对房地产市场适度降温，避免对整体经济造成冲击。2003年，面对房价快速上涨的形势，中国政府要求控制房价过快上涨和抑制投资、投机性购房需求。2003年6月，提高购买第二套（含）以上住房的首付款比例；2004年10月，上调金融机构1年期存贷款基准利率0.27个百分点，以此促进房地产市场的持续健康发展。

然而，如果中央银行通过降低企业家的贷款价值比实施紧缩性宏观审慎政策，将导致企业家贷款能力下降，企业家杠杆率降低，从而其消费需求下降，产出下降。但由于企业家信贷减少使借贷型居民贷款增加，从而借贷型居民房屋需求增加，推动房地产价格上涨，因此控制房价的效果不好。

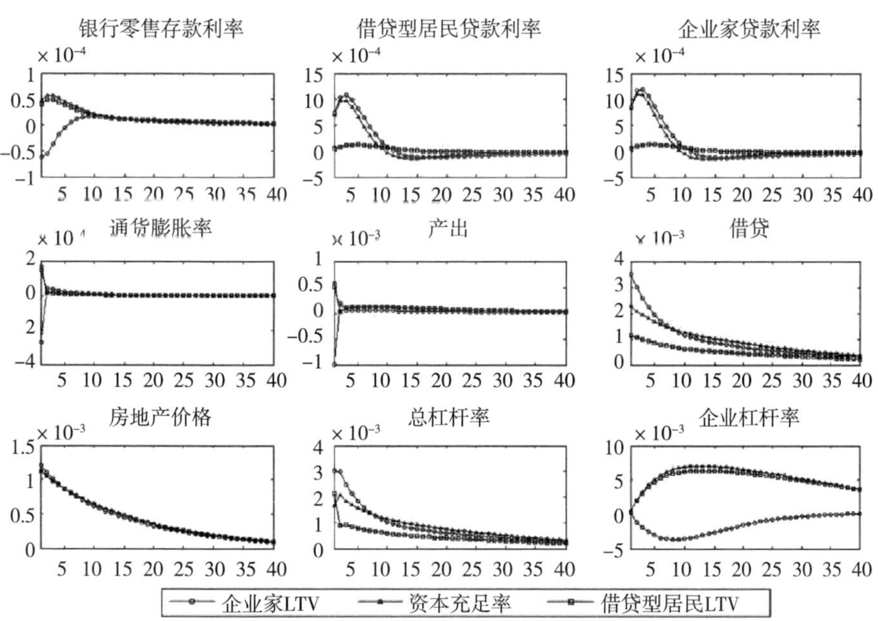

图3.3　货币政策与宏观审慎政策组合应对房地产需求冲击

3. 福利损失分析

假设中央银行以通胀、产出、利率变化和宏观审慎政策变化的渐近方差为代理变量，以稳定通胀、产出和杠杆率为目标，选择如下福利损失函数分析各种政策组合下的社会福利情况：

$$L = \sigma_{\pi}^2 + \sigma_{B/Y}^2 + k_Y\sigma_Y^2 + k_r\sigma_{\Delta r}^2 + k_{mp}\sigma_{\Delta mp}^2 \tag{3.39}$$

其中，σ_{π}^2、$\sigma_{B/Y}^2$、σ_Y^2、$\sigma_{\Delta r}^2$、$\sigma_{\Delta mp}^2$分别为通胀、杠杆率、产出、利率变化和宏观审慎政策变化的渐近方差。k_Y、k_r、k_{mp}分别为产出、利率变化和宏观审慎政策变化的反应系数。参照 Angelini（2014）的做法，将k_r和k_{mp}的值均设定为 0.1，k_Y分别设定为 0.5 和 1。模拟结果如表 3.2所示：

表 3.2　福利损失结果

冲击	权重 k_Y	政策组合	变量波动性					损失函数
			π	B/Y	Y	Δr	Δmp	
技术冲击	0.5	货币+资本充足率	0.0082	0.1035	0.0645	0.0051	0.0213	1.2908
		货币+借贷型居民 LTV	0.0077	0.1198	0.0637	0.0048	0.0154	1.6466
		货币+企业家 LTV	0.0022	0.0462	0.0515	0.0010	0.0062	0.3469
	1	货币+资本充足率	0.0082	0.1035	0.0645	0.0051	0.0213	1.4988
		货币+借贷型居民 LTV	0.0077	0.1198	0.0637	0.0048	0.0154	1.8495
		货币+企业家 LTV	0.0022	0.0462	0.0515	0.0010	0.0062	0.4795
银行资本冲击	0.5	货币+资本充足率	0.0082	0.0359	0.0351	0.0057	0.0058	0.1979
		货币+借贷型居民 LTV	0.0134	0.0756	0.0549	0.0092	0.0117	0.7424
		货币+企业家 LTV	0.0137	0.0721	0.0559	0.0094	0.016	0.6983
	1	货币+资本充足率	0.0082	0.0359	0.0351	0.0057	0.0058	0.2595
		货币+借贷型居民 LTV	0.0134	0.0756	0.0549	0.0092	0.0117	0.8931
		货币+企业家 LTV	0.0137	0.0721	0.0559	0.0094	0.016	0.8545

续表

冲击	权重 k_Y	政策组合	变量波动性					损失函数
			π	B/Y	Y	Δr	Δmp	
房地产需求冲击	0.5	货币+资本充足率	0.0002	0.0063	0.0008	0.0001	0.0012	0.0040
		货币+借贷型居民LTV	0.0003	0.0038	0.001	0.0002	0.0004	0.0015
		货币+企业家LTV	0.0001	0.0071	0.0007	0.0001	0.0008	0.0051
	1	货币+资本充足率	0.0002	0.0063	0.0008	0.0001	0.0012	0.0041
		货币+借贷型居民LTV	0.0003	0.0038	0.001	0.0002	0.0004	0.0016
		货币+企业家LTV	0.0001	0.0071	0.0007	0.0001	0.0008	0.0051

面对技术冲击，利率政策与企业家LTV政策组合下的福利损失值以及该政策组合下通胀、杠杆率、产出、利率变化和宏观审慎政策变化的渐近方差都相对较小，而其他两种政策组合下的福利损失值以及该政策组合下通胀、杠杆率、产出、利率变化和宏观审慎政策变化都相对较大，这就验证了当经济受到技术冲击时，综合使用利率政策与企业家LTV政策组合的调控效果要优于其他两种政策组合，而加入资本充足率要求和借贷型居民LTV之后，加剧了政策预期效果的不确定性。

面对银行资本冲击，利率政策与资本充足率要求政策组合下的福利损失值以及该政策组合下通胀、杠杆率、产出、利率变化和宏观审慎政策变化的渐近方差都相对较小，而其他两种政策组合下的福利损失值以及该政策组合下通胀、杠杆率、产出、利率变化和宏观审慎政策变化都相对较大，这就验证了当经济受到金融冲击时，综合使用利率政策与资本充足率要求政策组合的调控效果优于其他两种政策组合，而加入企业家LTV和借贷型居民LTV之后，加剧了政策预期效果的不确定性。究其原因，在银行资本冲击发生时，提高政策利率会导致储蓄型居民零售存款利率上升，从而会促进储蓄型居民收益的增加；与此同时，由于借贷型居民和企业家不能像储蓄型居民那样通过欧拉方程平滑跨期消费路径上产生的波动，因此通过提高银行资本充足率要求收紧银行放贷，有助于平滑借贷型居民和企业家的信贷波动，进而平滑二者的消费波动。由于两方面力量共同作用，最终降低产出、杠杆率等变量的波动，有效减少社会福利损失，增进社会福利水平。

面对房地产需求冲击，利率政策与借贷型居民 LTV 政策组合下的福利损失值以及该政策组合下通胀、杠杆率、产出、利率变化和宏观审慎政策变化的渐近方差都相对较小，而其他两种政策组合下的福利损失值以及该政策组合下通胀、杠杆率、产出、利率变化和宏观审慎政策变化都相对较大，这就验证了当经济受到房地产需求冲击时，综合使用利率政策与借贷型居民 LTV 政策组合的调控效果优于其他两种政策组合，而加入企业家 LTV 和资本充足率要求之后，加剧了政策预期效果的不确定性。因为储蓄型居民可以通过欧拉方程平滑跨期消费波动，而借贷型居民却不能，所以，在房地产需求冲击下实施货币政策的同时采取 LTV 宏观审慎政策工具可以有效平滑信贷，保证金融系统的平稳，从而有助于提供平滑消费的环境，使借贷型居民实现更稳定的消费，减少产出波动，改善社会福利水平。

◎ 四、基本结论

本章构建一个带有金融摩擦的 DSGE 模型，深入系统地研究不同类型的货币政策与宏观审慎政策组合的调控效果及机制，从而为我国央行进一步完善“货币政策 + 宏观审慎政策”双支柱的金融调控政策框架，以及把握政策调控的力度、节奏和平衡多个政策目标之间的关系提供决策参考。脉冲响应和福利损失分析结果表明，在有金融摩擦的情况下，当遇到技术冲击时，利率政策与企业家贷款价值比政策工具组合更能有效抑制经济过快增长和降低杠杆率水平，且社会福利损失更小；面对银行资本冲击，利率政策与资本充足率要求政策共同维护经济增长和杠杆率稳定的效果更好，且社会福利改善的效果更明显；在房地产需求冲击下，利率政策与借贷型居民贷款价值比政策使经济增长和杠杆率的波动相对较小，政策组合相对更有效。

◎ 五、进一步讨论

货币政策和宏观审慎政策作为两种政策目标、政策工具和政策规则都不同的宏观金融调控政策，在两者之间寻求平衡点并非易事，其中最关键的是在实施货币政策时是否要考虑宏观金融稳定状况，宏观审慎政策实施的时候是否要考虑宏观经济状况。在正常情况下，宏观审慎政策与货币政策可以相互协调，互相补充，方向一致，如经济不景气时，可以通过降低利率和放松宏观审慎政策来刺激经济增长。然而，两者也有可能相互制约，如经济萧条时，为了刺激经济增长，实施宽松的货币政策，资金可能并没有进入实体经济而是在金融体系内空转，引发资产泡沫和投资高杠杆行为，如果这时实施紧缩的宏观审慎政策去杠杆和控制泡沫，可能引发金融市场波动，并波及实体经济发展。因此，两者之间的配合，需要在深入分析和研判经济金融形势的基础上，统筹安排相关的工具组合。

由于货币政策主要调控经济周期，而宏观审慎政策主要调控金融周期，因此经济周期和金融周期的一致性程度部分决定了两个政策的协调程度，而且 IMF、G20 等都一致认为配合使用货币政策和宏观审慎政策是维护金融体系稳定的最好方式。

1. 经济周期和金融周期同步时

如果经济周期处于繁荣期（或衰退期），同时金融周期也处于繁荣期（或衰退期），即二者是同步的，则此时实施货币政策和宏观审慎政策的效果是相互补充的。

“经济周期收缩 + 金融周期下降”。当经济处于下行周期，在宏观审慎政策工具未调整的情况下，货币政策的有效性将被削弱。因为在资本充足率约束未相应放松的情况下，宽松的货币政策不易通过商业银行的资产负债表增加货币供给，进而刺激经济增长。2008 年下半年，受国际金融动荡影响，中国经济发展面临严峻考验，保持经济平稳较快增长的难度加大，GDP 增速从 2007 年 6 月 15% 的高点回落，金融机构和企业银根紧张、股市持续下跌，杠杆率仍承接前一时期的较低水平。在这一时期，中央银行实施了宽松的货币政策，从 2008 年 9 月开始，对存款准备金率进行下调，由 17.5% 下调至 15.5%。同时，调整审慎监管政策使金融部门逐渐从冲击中恢复，从而放松银根、推动商业银行扩大信贷规模，向社会注入流动性，增加货币供应量，减少金融危机对实体经济的进一步影响。

“经济周期扩张 + 金融周期上升”。当经济受到正向的需求冲击时，产出和通胀上升，银行信贷膨胀。在采取紧缩货币政策的同时，宏观审慎政策提高逆周期资本缓冲，冻结银行资本金。此时两个政策行动一致，政策效果互相促进。2010 年初至 2011 年末，中国经济逐渐从国际金融危机的阴影中走出，前期政府实行的 4 万亿元经济刺激计划背景下，信贷投放大幅增加，企业杠杆率迅速攀升。在这种情况下，我国央行转向实行偏紧的货币政策，连续 12 次上调法定存款准备金率，从 15.5% 一路调高至历史最高点 21.5%。但仅依靠紧缩货币政策不能有效抑制杠杆率的不断上涨，容易造成非金融部门杠杆率的绝对水平持续提高的局面。此时中国配合以严格的宏观审慎政策，将系统重要性银行资本充足率要求由 8% 上升至 11.5%，中小银行资本充足率上升至 10.5%。在这一时期，银行业受到两个政策工具双重约束变“紧”的影响，从而使金融周期的过度扩张得到了有效控制。

2. 经济周期和金融周期不同步时

如果经济周期处于繁荣期（或衰退期），而金融周期却处于衰退期（或繁荣期），即二者是不同步的，则此时实施货币政策和宏观审慎政策的效果是相反的，即一种政策的实施可能会削弱或抵销另一种政策的实施。

“经济周期收缩 + 金融周期上升”。在经济增速较低而信贷繁荣时期，为了抑制信贷的增长、降低金融风险，需要使用逆周期的宏观审慎政策，但偏紧的宏观审慎政策也会对经济增长产生下行压力。此时，如果实施宽松的货币政策刺激经济增长，将增加金融机构的风险承担行为，进一步刺激信贷增加。因此，需要保持货币政策的稳健中性或中性偏松促进经济增长并防范系统性金融风险爆发。自 2010 年以来，中国经济增长一直处于下行趋势，经济结构性问题凸显。国际金融危机后，经济刺激政策导致的信贷规模大增，使非金融部门的杠杆率高企，而且宽松货币政策使利率保持在较低水平，导致金融部门通过加杠杆获取高额收益。2011 年上半年，我国央行对资本充足率较低、信贷增长过快、顺周期风险隐患增大的金融机构实施差别准备金要求，加强流动性管理，引导货币信贷增长平稳回调。2012 年 5 月，继我国央行小幅下调法定存款准备金率后，存款准备金率基本处于稳定状态。2013 年 6 月，中国开启了金融去杠杆进程，通过加强宏观审慎政策促进金融部门去杠杆。根据《巴塞尔协议Ⅲ》要求，中国在这一阶段提出了银行业 4% 的杠杆率监管标准，杠杆率要求作为一项新的宏观审慎政策工具，为未来中国商业银行信贷的刚性扩张预埋了政策安排。因为货币政策在该时期调整的幅度较小，所以并没有和宏观审慎政策产生明显的抵销或叠加效应。

“经济周期扩张 + 金融周期下降”。当经济运行过热而信贷增速较低时，需要采取紧缩的货币政策，抑制经济过快增长，但这会进一步增加信贷成本，减少信贷需求。此时，如果实施宽松的宏观审慎政策推动信贷增长，将会加剧经济进一步过热。因此，这一时期的政策调整需要在紧缩货币政策下，保持宏观审慎政策的稳健中性或中性偏松。2005 年至 2007 年上半年，中国经济开启了新一轮的增长周期，国有企业改革持续加快推动，银行业完成三轮不良资产剥离，杠杆率降至低位。因此，我国央行采取紧缩的货币政策控制经济过快增长，避免资产价格泡沫扩张，防止滋生系统性金融风险。在这一过程中，商业银行的货币创造能力压缩，在宏观审慎政策基本不变的背景下，商业银行为了满足监管要求，风险资产及信贷规模被迫减少，金融服务实体经济的能力有所削弱，也可在一定程度上防止经济过热。

第四章　中国宏观审慎政策与货币政策协调配合的有效性检验

货币政策是维持宏观经济平稳运行的重要政策工具之一，但是历史的经验，尤其是2008年国际金融危机事件的爆发，表明仅仅稳定物价水平而忽视金融风险，并无法达到稳定宏观经济的目标，很多区域性、系统性金融风险是由于宏观审慎监管的缺失导致的。在深入总结与反思之后，世界各国逐渐认同宏观审慎政策应成为全球宏观调控体制改革的核心［黄益平等（2019），《金融研究》］。中国人民银行在探索宏观审慎政策的研究与实践中走在世界各国前列：2009年年中即开始研究强化宏观审慎管理的政策措施，并在2010年明确提出了“构建逆周期的金融宏观审慎管理制度框架”［周小川（2011），《金融研究》］。随后，在2011年第一季度引入差别准备金动态调整和合意贷款管理机制，并于2016年将其升级为金融机构宏观审慎评估体系。

2017年，党的十九大报告明确要求，健全货币政策与宏观审慎政策双支柱调控框架。在建立完善宏观审慎政策框架的同时，中国人民银行不断创新调控方式，积极稳妥推动货币政策框架从数量型调控为主向价格型调控为主转型，增强利率调控和传导能力。自2011年中国人民银行首次引入差别准备金动态调整机制已满十年，客观准确地评估货币政策与宏观审慎政策相结合对宏观经济的影响，对中国进一步合理完善宏观审慎政策框架有重要的现实意义。

截至目前，宏观审慎框架主要包括三个方面内容：一是增强金融机构信贷规模的宏观审慎管理。2011年第一季度开始实施的差别准备金动态调整和合意贷款管理机制，其核心是金融机构的信贷增速与其自身资本水平以及经济增长的合理需要相匹配，以提高金融机构防范系统性金融风险的能力，从而实现稳健经营与可持续发展，维护金融系统的稳定性。简单来说，这一政策要求金融机构“有多大本钱做多大生意”，确保其扩张速度与经济发展、资本金规模相适应。该政策在2016年进一步升级为宏观审慎评估体系（Macro - Prudential

Assessment，MPA），将更多金融活动和金融行为纳入监管，通过系统性的指标体系全面评估金融机构的经营行为，从七大方面（资本和杠杆情况、资产负债情况、流动性情况、定价行为、资产质量情况、信贷政策执行情况、跨境融资风险）对金融机构进行多维度的引导与管理，以更有效地防范系统性风险、发挥逆周期调节作用。

二是继续加强房地产市场的宏观审慎管理。房地产是优质的融资抵押物，房价上涨与信贷扩张往往相互助力，两者周期存在显著的协同关系。而此前国内的土地招拍挂、期房预售等制度，在加快商品房供给的同时，也推动了资金在房地产行业的集聚。而房地产过度金融化将推高系统性风险，近代史上美日两国的金融危机均源自房地产泡沫。随着中国经济从高速发展迈向高质量发展，房地产行业的过度繁荣易挤出消费、提升制造业成本，不利于当前的“高质量发展”目标和供给侧结构性改革。与此同时，国内商品房市场自 2017 年以来迈入存量时代，销售面积步入“零增长”阶段，房地产市场去金融化的重要性和紧迫性也不断上升。2016 年底的中央经济工作会议首次提出要坚持“房子是用来住的，不是用来炒的”定位。对于房地产市场的宏观审慎管理实践主要从居民、金融机构和房地产企业三个部门展开。首先，针对居民部门，差别化住房贷款政策是引导房地产回归自住属性的重要手段，具体包括个人差别化管理和各地因城施策两个方面。个人差别化管理的理念首次出现于 2003 年中国人民银行发布的《关于进一步加强房地产信贷业务管理的通知》一文中，提出对于购买二套房及以上的贷款，应适当提高首付款的比例。2008 年 10 月，中国人民银行进一步调整商业性个人住房贷款政策，要求金融机构应根据借款人具体情况来区别确定客户的贷款利率和首付款比例（对居民首次购买普通自住房和改善型普通自住房贷款需求，金融机构可在贷款利率和首付款比例上按优惠条件给予支持；对非自住房、非普通住房的贷款条件，金融机构适当予以提高）。首次于 2014 年的政府工作报告中提出“针对不同城市情况分类调控”，即“因城施策”，强调在国家统一政策基础上，由各省级市场利率定价自律机制结合所在城市实际自主确定辖内商业性个人住房贷款的最低首付比例。其次，针对金融部门，早期的主要举措包括“432”融资要求（即开发项目必须满足“四证齐全、30% 自有资金、开发商具有二级以上资质”，金融机构才能够提供开发贷款），从合规性角度约束金融机构对房地产企业放贷。近年来宏观审慎框架则从信贷增量和占比的角度对流入房地产领域的资金予以约束，通过控制房贷增量以逐渐稳定存量和增速。例如 2016 年起实施的 MPA 考核体系“信贷政策执行”中涵盖了对房地产信贷的相关指标，包括新增放贷规模及按揭、开发贷占比等。2020 年中国人民银行、银保监会进一步制定了房地产贷款集中度管理制度，并采取了分类分档、差别化过渡期、区域调节机制等多种机制安排，以增强银行业金融机构抵御房地产市场波动的能力，防范金融体系对房地产贷款过度集中带来的潜在系统性金融风险。此外，贷款价值比（LTV）、债务收入比（DTI）等逆周期调节工具也灵活运用于房地产信贷市场。最后，针对房地产企业，2020 年 8 月新出台的“三道红线”政策则直接限制有息债务的增长，进一步从宏观调控深入到微观主体。

三是健全完善跨境资本流动的宏观审慎管理。随着近年来中国外汇市场的发展和跨境资本流动不确定性的增加，商业银行和企业已经成为中国外债债务人类型的主体。根据国家外汇管理局的相关统计，截至 2021 年 6 月末，中国外债总额的 26798 亿美元中，银行外债余额为 12552 亿美元（占比约 47%），其他部门（主要为企业，含直接投资公司间贷款）外债余额为 9630 亿美元（占比约 36%）；而同期中国银行业对外金融负债中 58% 为外币负债（约 9631 亿美元），说明通过商业银行负债渠道流入的跨境资本规模相当可观。中国对跨境资本流动的宏观审慎管理实践，除了采用前述所提的 MPA 中所包含的七大指标之一“跨境融资风险”模块对商业银行的跨境融资进行引导、监督与管理之外，还启动了企业全口径跨境融资管理。2016 年 1 月中国人民银行对本外币一体化的全口径跨境融资宏观审慎管理进行试点，并于同年 5 月将试点扩大至全国范围内的金融机构和企业。除此之外，中国人民银行还根据国内外宏观经济运行情况灵活采用各类政策工具。例如，2014 年下半年，受中美经济周期不同步与货币政策分化等影响，中国开始面临资本流出的压力，中国人民银行分别于 2015 年和 2016 年启动了外汇风险准备金政策和境外金融机构在境内金融机构存款准备金政策。

针对目前宏观审慎框架的前述三个主要内容，我们分别选取了具有代表性的政策工具进行了实证分析。第一组是针对金融机构信贷规模的差别准备金动态调整；第二组是针对住房抵押贷款市场的贷款价值比（LTV）工具和利率政策；第三组是针对跨境资本流动的准备金政策，即央行于 2015 年和 2016 年分别启动的外汇风险准备金政策和境外金融机构在境内金融机构存款准备金政策。

◎ 一、差别准备金动态调整机制

差别准备金动态调整机制，其主要内容是将金融机构适用的存款准备金率与其资本充足率、资产质量状况等指标挂钩。金融机构资本充足率越低、不良贷款比率越高，适用的存款准备金率就越高；反之，金融机构资本充足率越高、不良贷款比率越低，适用的存款准备金率就越低。该政策的目的是通过制约资本充足率不足且资产质量不高的金融机构的贷款扩张，来降低不良贷款比例，防范系统性金融风险。

从 2011 年第一季度到 2021 年，中国实施差别准备金动态调整机制已经有 10 年的历史。我们收集到 2000 年第一季度至 2021 年第二季度的数据，对该政策与信贷增速之间的关系进行了实证分析，所采用的回归方程为：

$$GC_t = \beta_0 + \beta_1 X_t + \beta_2 \Delta I_t + \beta_3 \Delta BR R_t + \gamma_1 GC_{t-1} + \varepsilon_t \quad (4.1)$$

其中，GC_t 为信贷同比增速（Growth of Credit，单位为%），X_t 为差别准备金政策实施的虚拟变量（2011 年第一季度实施后为 1），ΔI_t 为一年期贷款利率变化（单位为%），$\Delta BR R_t$ 为存款准备金率变化（单位为%）。上述变化值和同比增速均以季末值计算。

具体来说，对于信贷增速 GC_t，本书同时考察了银行信贷增速（用 GC_t^B 来表示）和广义信贷增速（用 GC_t^T 来表示）。银行信贷 C_t^B 指的是传统意义上金融机构贷款，我们用中国人民银行公布的金融机构人民币各项贷款表示①；广义信贷 C_t^T 则进一步包括了非金融机构贷款，考虑到不同统计口径下的广义信贷规模存在差异，我们同时采用了两个指标，一个是国际清算银行（BIS）统计的对非金融部门总信贷（Total Credit to non - financial sector）②，另一个是中国人民银行公布的社会融资规模存量③。

解释变量中除了包含我们的关键政策虚拟变量 X_t 外，我们还加入了被解释变量的一阶滞后项以缓解信贷增速本身的惯性效应和周期性影响，同时控制了短期贷款利率和存款准备金率的变化两个变量以控制这些因素对信贷的影响。

此外，考虑到衡量信贷增速是否在合理的范围内，通常会将其与

① 该指标统计范围是中国人民银行、银行业存款类金融机构、银行业非存款类金融机构。其中，银行业存款类金融机构包括银行、信用社和财务公司。银行业非存款类金融机构包括信托投资公司、金融租赁公司、汽车金融公司和贷款公司等银行业非存款类金融机构。

② 该指标统计的信贷包括金融机构、非金融机构、政府、居民、非营利组织、境外机构等，发放给中国境内非金融机构、政府、居民、非营利组织的贷款。目前 BIS 公布的数据最新为 2021 年第一季度，因此比银行信贷样本少 1 个观测值。

③ 社会融资规模存量季度同比数据从 2015 年开始公布，此前的数据根据社会融资规模增量进行估计，可获得的数据最早为 2003 年第一季度，因此比银行信贷样本少三年（共计 12 个季度）的观测值。

GDP 的增速进行对比，我们将信贷增速与名义 GDP 增速差值记为 $CGDP_t = GC_t - GGDP_t = \frac{\Delta C_t}{C_{t-1}} - \frac{\Delta GDP_t}{GDP_{t-1}}$。通常，杠杆率的度量是用信贷余额与名义 GDP 的比值 $L_t = \frac{C_t}{GDP_t}$，则有 $\Delta\ln(L_t) = \Delta\ln\left(\frac{C_t}{GDP_t}\right) = \Delta\ln(C_t) - \Delta\ln(GDP_t) = \ln\left(\frac{C_t}{C_{t-1}}\right) - \ln\left(\frac{GDP_t}{GDP_{t-1}}\right) = \ln\left(\frac{\Delta C_t}{C_{t-1}} + 1\right) - \ln\left(\frac{\Delta GDP_t}{GDP_{t-1}} + 1\right) \cong \frac{\Delta C_t}{C_{t-1}} - \frac{\Delta GDP_t}{GDP_{t-1}} = CGDP_t$，即信贷增速与名义 GDP 增速的差值约等于杠杆率增速。因此我们也以信贷增速与名义 GDP 增速差值 $CGDP_t$（即杠杆率增速）作为被解释变量进行了实证分析：

$$CGDP_t = \beta_0 + \beta_1 X_t + \beta_2 \Delta I_t + \beta_3 \Delta BR R_t + \gamma_1 CGDP_{t-1} + \varepsilon_t \quad (4.2)$$

上述两个模型的实证分析结果汇总于表 4.1。

表 4.1　信贷增速与杠杆率增速的回归结果

Y_t =	GC_t^B	$GC_t^T(1)$	$GC_t^T(2)$	$CGDP_t^B$	$CGDP_t^T(1)$	$CGDP_t^T(2)$
	(1)	(2)	(3)	(4)	(5)	(6)
X_t	-1.078**	-0.678	-1.082	-0.626	-0.406	-0.590
	(-2.03)	(-0.94)	(-1.32)	(-0.67)	(-0.40)	(-0.50)
Y_{t-1}	0.893***	0.836***	0.850***	0.788***	0.800***	0.823***
	(17.12)	(13.09)	(12.96)	(12.71)	(11.54)	(11.47)
ΔI_t	1.084	-0.283	0.813	-0.107	-1.331	-0.387
	(0.95)	(-0.19)	(0.49)	(-0.05)	(-0.63)	(-0.17)
$\Delta BR R_t$	-1.027**	0.149	0.017	-2.365***	-1.295	-1.294
	(-2.12)	(0.22)	(0.02)	(-2.89)	(-1.46)	(-1.35)
Adj R^2	0.788	0.728	0.752	0.696	0.624	0.657
F-stat	79.129	56.588	55.618	48.969	35.432	35.440
N	85	84	73	85	84	73

说明：（1）回归包含常数项（结果省略）；* 表示在 10% 水平上显著；** 表示在 5% 水平上显著；*** 表示在 1% 水平上显著。括号内为 t 值。

（2）银行信贷（GC^B）的样本期为 2000 年第一季度至 2021 年第二季度，BIS 广义信贷（GC^T1）的数据值目前只更新到 2021 年第一季度，因此观察值较银行信贷少 1 个。社会融资规模（GC^T2）数据从 2003 年一季度开始，因此观察值较银行信贷少 12 个。

从实证分析的结果来看，差别存款准备金动态调整机制（X_t）对银行信贷增速有显著的反向调节作用。回归（1）中被解释变量为银行信贷增速，我们的估计结果意味着差别存款准备金制度的实施使得银行信贷增速平均降低了约1个百分点。而对于广义信贷增速来说，差别存款准备金动态调整机制的反向调节作用则不显著。

另外，我们也观察到存款准备金率变化也对银行信贷有显著的负面影响，回归（1）中的估计结果意味着存款准备金率每提高1个百分点，银行信贷增速将平均降低大约1个百分点。类似地，存款准备金率的变化对广义信贷并无明显作用，并且参数估计值为正。导致这一结果的原因可能是存款准备金率调整直接针对银行等金融机构，提高存款准备金率可以反向调节银行的信贷规模，在银行贷款紧缩的情况下，有融资需求的企业和居民很有可能会寻求其他的贷款来源，进而出现信贷从银行等金融机构向其他社会融资转移的现象（即存在溢出效应）。这种转移效应会导致存款准备金制度只对银行信贷增速有显著的抑制作用，而对广义信贷增速无显著效应。考虑到差别准备金动态调整制度对广义信贷的影响可能存在一定的时滞，我们也采用了政策变量的滞后变量进行了上述回归分析，结果也仍不显著。

此外，被解释变量滞后项均十分显著为正，即银行信贷增速和广义信贷增速均存在明显的趋势效应。前一期信贷增速增加，当期信贷增速将显著增加，这也从侧面体现出信贷有一定的连续性。

对于信贷增速和GDP增速之差 $CGDP_t$（即杠杆率增速）来说，我们的分析显示差别存款准备金制度在上述三个不同被解释变量的模型分析中都没有产生显著的影响，这意味着差别存款准备金制度不会对杠杆率增速产生显著的影响。回归（4）中存款准备金率的调整对银行部门杠杆率增速的负面影响显著，即提高存款准备金率可以显著降低银行部门的杠杆率增速。另外，与信贷增速类似，杠杆率的趋势效应均是显著的。

总体来说，我们的实证分析显示差别准备金动态调整制度的实施可以显著地控制银行部门的信贷过快扩张，对于广义信贷的影响则并不显著。

◎ 二、房地产贷款价值比（LTV）与利率政策

利率政策是调控房价的重要货币政策工具，房价上涨迅速的时候提高利率紧缩货币，有助于房市降温。另外，房地产贷款价值比（Loan - to - Value Ratio，LTV）的限制是一种国际上常用的调控房价的宏观审慎政策工具。一般情况下，在房地产市场过热时降低 LTV 可以抑制房价，在房地产市场萎靡不振时提高 LTV 可以刺激房地产交易。

我国是较早引入 LTV 的国家，有丰富的房地产金融宏观审慎管理经验。2005 年，我国为了抑制房价发布了“国八条”，把个人房贷首付比例由两成升为三成。2006 年再一次动用 LTV 工具对首付比进行调整，将小户型（90 平方米以下）和大户型区别对待。2007 年首次对二套房首付比例与首套房作区别，要求二套房首付比例不得低于 40%。2008 年随着美国次贷危机向全球传播，为了稳定宏观经济，国家出台了 4 万亿元计划刺激经济，与此同时，为扩大房地产需求和稳定房价，首套房首付比例由三成降为二成，二套房的房贷政策也随之调松。2011 年 1 月，首贷比大幅度提高，二套房首付比提高到六成。2014 年 9 月实行了宽松的“930”房贷新政，首套房、二套房首付比下调。2016 年又掀起了新一轮限购、限贷、限售政策调控。此后的一年多时间里，多座一线城市陆续加入限购、限贷、限售调控。如表 4.2 所示。

表 4.2　2004 年以来我国主要房地产贷款价值比调控政策

2005 年 3 月	央行宣布取消住房贷款优惠利率，对房地产价格上涨过快的城市或地区，个人住房贷款最低首付款比例可由现行的 20% 提高到 30%
2006 年 5 月	国务院办公厅出台《关于调整住房供应结构稳定住房价格的意见》，即“国十五条”，提出限制套型 90/70 政策，个人住房按揭贷款首付款比例不得低于 30%；对购买自住房且套型建筑面积 90 平方米以下的仍执行首付款比例 20% 的规定
2007 年 9 月	央行发布《中国银行业监督管理委员会关于加强商业性房地产信贷管理的通知》，规定购买 90 平方米以下首套房首付比不得低于 20%；90 平方米以上的不能低于 30%；二套住房贷款首付比不得低于 40%，利率不得低于基准利率的 1.1 倍
2008 年 10 月	央行决定，自 10 月 27 日起，将商业性个人住房贷款利率的下限扩大为贷款基准利率的 0.7 倍；最低首付款比例调整为 20%
2010 年 1 月	1 月 10 日，国务院办公厅《关于促进房地产市场平稳健康发展的通知》即“国十条”，严格二套房贷款管理，首付不得低于 40%
2010 年 4 月	国务院发布《关于坚决遏制部分城市房价过快上涨的通知》，即“新国十条”，90 平方米以上的首套，首付比不得低于 30%；对贷款购买第二套住房的家庭，贷款首付款比例不得低于 50%，贷款利率不得低于基准利率的 1.1 倍；暂停第三套及以上住房贷款
2011 年 1 月	国务院发布《国务院办公厅关于进一步做好房地产市场调控工作的有关问题的通知》，即“新国八条”，继续差别化信贷政策，要求将第二套房的房贷首付从原来的不低于 50% 改为不低于 60%，贷款利率不低于基准利率的 1.1 倍
2014 年 9 月	央行公布《关于进一步做好住房金融服务工作的通知》，规定对拥有 1 套住房并已结清相应购房贷款的家庭，贷款购买第二套住房时，可按照首套房贷政策执行；对于贷款购买首套普通自住房的家庭，贷款最低首付款比例为 30%，贷款利率下限为贷款基准利率的 0.7 倍等
2015 年 3 月	财政部、国家税务总局共同发布《关于个人住房贷款政策有关问题的通知》，规定二套首付比例调整为不低于 40%；使用公积金贷款购买首套，最低首付 20%
2016 年 2 月	在不实施“限购”措施的城市首次购买普通住房，贷款原则上最低首付比例 25%，可向下浮动 5%；对拥有 1 套住房且相应购房贷款未结清的居民家庭，最低首付款比例调整为不低于 30%

资料来源：根据有关部门通知整理。

自2010年以来，中国各地房价快速上涨。根据Wind的统计，2010年底百城住房价格为9000元/平方米，2017年底已增长至近14000元/平方米，年均增长率约48%。这也为我们进一步检验LTV和利率政策的有效性提供了一个良好的样本。

我们以收集到的2009年3月至2021年7月的数据为样本，对LTV和房贷利率政策的效果进行了实证检验。采用的回归方程为：

$$HP_t = \beta_0 + \beta_1 LTV_t + \beta_2 HR_t + \beta_3 SHIBOR_t + \varepsilon_t \qquad (4.3)$$

其中，HP_t 表示房地产价格增速，LTV_t 表示贷款价值比（数值上等于"1-首付比"），HR_t 表示房贷利率，$SHIBOR_t$ 为一年期SHIBOR利率水平。

具体来说，我们以70城市二手住宅价格环比均值来衡量 HP_t，原始数据来自历年《中国价格统计年鉴》，样本期间的房价指数变化如图4.1所示。值得注意的是，考虑到住宅成交量可能受到房价的影响，我们这里采用环比的简单平均值，而非成交量加权的环比均值。

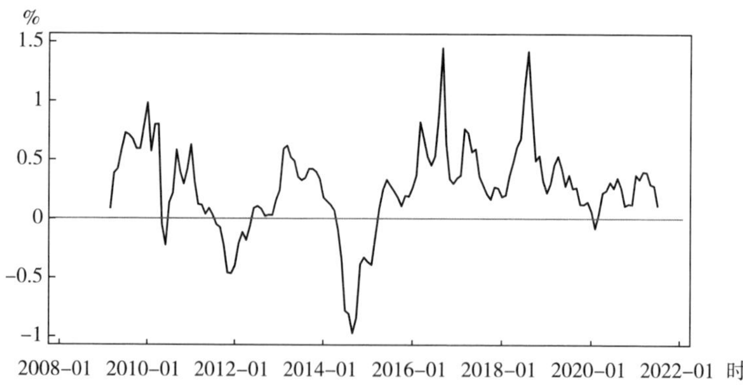

图4.1 中国70城市房价环比均值（月度）

对于政策变量LTV的设定，由于观察到自2007年开始央行对于首套房的首付比例和二套房的首付比例要求存在差异，我们分别构造

了 LTV_t 首套和 LTV_t 二套两个变量来表示首付要求，此外，我们还以一定的比例构造了一个综合指数 LTV_t 综合，LTV_t 综合 $=0.7\times LTV_t$ 首套 $+0.3\times LTV_t$ 二套。对于房贷利率相关政策变量 HR_t，我们采用个人住房公积金贷款（5 年以上）的年利率来表示。此外，我们用 1 年期 SHIBOR 来衡量宏观货币政策的松紧。

表 4.3　房地产 LTV 的回归结果

政策变量	*LTV*			*HR*	*LTV + HR*		
	(1)	(2)	(3)	(4)	(5)	(6)	(7)
LTV_t 综合（%）	0.023*** (3.98)				0.020** (2.50)		
LTV_t 首套（%）		0.042*** (3.85)				0.034*** (2.97)	
LTV_t 二套（%）			0.009*** (3.66)				0.008* (1.92)
HR_t				−0.169*** (−3.10)	−0.047 (−0.65)	−0.111* (−1.95)	−0.035 (−0.40)
$SHIBOR_t$	−0.074** (−1.98)	−0.090** (−2.55)	−0.084** (−2.26)	−0.118*** (−3.52)	−0.072* (−1.93)	−0.065* (−1.77)	−0.085** (−2.27)
Adj R^2	0.294	0.290	0.283	0.266	0.291	0.303	0.279
F − stat	31.853	31.228	30.277	27.833	21.295	22.489	20.122
N	149	149	149	149	149	149	149

注：回归包含常数项（结果省略）；* 表示在 10% 水平上显著；** 表示在 5% 水平上显著；*** 表示在 1% 水平上显著。括号内为 t 值。

如表 4.3 所示，从实证结果来看，贷款价值比 LTVt 与房价走势具有显著的正相关性。降低贷款价值比水平（即提高首付比例）可以在一定程度上抑制房地产价格的上涨，防范资产价格泡沫。其中，对首套房和二套房的首付比例要求同时提高一成，在其他条件不变的情况下，房价环比将平均降低 0.2%；首套房首付比例要求提高一成，房价环比将平均下降 0.4%；二套房首付比例要求提高一成，房价环比将平均下降 0.1%。对比来看，首套房的 LTV 工具对于房价的影响规模更加可观。

对于房贷利率工具 HR 的分析显示，公积金贷款利率越高，则房价增速越低。表 4.3 第（4）列的回归结果意味着，公积金贷款利率每增加 1%，房价环比均值的增速将下降 0.17%。此外，宏观利率水平也是影响房价的显著因素，利率水平越高说明货币政策越紧缩，房价增速越慢。根据表 4.3，一年期 SHIBOR 利率每提高 1 个百分点，房价下降幅度在 0.07% 至 0.12% 之间，这一影响规模略小于公积金贷款利率的影响。

从目前的结果来看，房贷价值比工具的效果总体上是显著且符合预期的。不过，由于中国各地的人口密度和经济发展等差异巨大，房贷价值比工具总体有效性并不意味着各地都有效，仍然存在对某些城市有效而对某些城市无效的可能性。

◎ 三、跨境资本流动宏观审慎管理与利率政策

历史上的多次经济金融危机中，跨境资本流动都起到重要作用，例如资本流动诱发了 1997 年的亚洲金融危机，推动了 2007 年美国次贷危机的风险扩散等。对资本流动实行宏观审慎管理一直到 2008 年国际金融危机之后才逐渐形成共识。从全球范围来看，各国针对资本流动宏观审慎管理的实践时间并不长，仍然处于不断摸索和改进的阶段。目前国际上针对资本流动的宏观审慎管理主要是通过征收各种额外税费（或准备金），比例与总量限制等手段，以在特定情况下逆周期地增加跨境资本流动的阻力（见表 4.4）。

表 4.4　资本流动宏观审慎政策的国际实践

国家	政策工具	主要内容	政策效果评价
巴西	金融交易税 (The Tax on Financial Transactions)	始创于 1993 年，并于国际金融危机前的 2008 年 3 月至 10 月重新引入。 为应对危机后资本流入压力并遏制套利交易，2009 年 10 月将非居民股权和债券投资流入的交易税率提高到 2%，并在 2010 年 10 月两次提高非居民债券投资流入的交易税率（至 6%），同时将巴西证券交易所内包括外汇期货在内的衍生品交易保证金的交易税率也从 0.38% 提高到 6%	IOF 对遏制短期/投机性资本流入有一定影响，但是对汇率没有产生明显的、持续的影响
韩国	宏观审慎稳定特别费 (Macro – prudential stability levy)	为应对资本流入压力，2010 年 10 月宣布 2011 年下半年开始对国内和国外银行持有非核心类短期（小于 1 年）、中长期（1 ~ 3 年）、长期（3 年以上）的外币负债分别征收 0.2%、0.1%、0.05% 的宏观审慎稳定特别费，宏观风险加大时可提高费率	在一定时期内可控制短期外债和投机性证券投资，但市场会设法找到规避管理的途径，削弱了政策管理的效果
	外汇衍生品头寸限制 (Position limits on FX derivatives)	为应对危机后资本流入压力，2010 年 6 月要求国内银行（外资银行）持有的外汇衍生品头寸不得高于上月末权益资本金的 50%（250%），风险增大后持续下调	
泰国	预扣所得税 (Withholding Tax)	在债券流入量创历史新高的背景下，2010 年 10 月 8 日出现了即将资本管制的传言，该传言导致了小额资本外流。10 月 12 日，当局正式宣布重新征收非居民利息收入和资本收益的预扣所得税，该预扣税仅适用于 10 月 13 日或之后购买的国债	尽管该税收仅适用于国债，但仍对债券和股票的流入产生了抑制效应。总体而言，该政策可以暂时性地缓解投资的过快流入

注：根据 “Recent Experiences in Managing Capital Inflows – Cross – Cutting Themes and Possible Policy Framework”（IMF，2011）整理所得。

对跨境资本流动进行有效的宏观审慎管理对我国来说具有重要意义。我国正处于金融供给侧结构性改革进程，资本账户过快开放会导致短期跨境资本大规模流动，造成金融市场动荡，从而加剧整个金融体系的脆弱性，引发系统性风险。自 2015 年以来，中国人民银行多次调整相关准备金政策（事件整理见表 4.5）。

表 4.5　近年来我国跨境资本相关准备金政策的运用与调整

公告时间	政策工具	主要内容
2015 年 8 月 31 日	外汇风险准备金	自 2015 年 10 月 15 日起，对银行远期售汇业务征收 20% 的外汇风险准备金
2016 年 1 月	境外金融机构人民币存款准备金	自 2016 年 1 月 25 日起，对境外金融机构在境内金融机构存放执行正常存款准备金率政策
2017 年 9 月 8 日	外汇风险准备金	自 2017 年 9 月 11 日起，将外汇风险准备金率调整为 0
2017 年 9 月 8 日	境外金融机构人民币存款准备金	境外人民币业务参加行在境内代理行存放存款准备金从即日起取消
2018 年 8 月 3 日	外汇风险准备金	自 2018 年 8 月 6 日起，将远期售汇业务的外汇风险准备金率从 0 调整为 20%
2020 年 10 月 10 日	外汇风险准备金	自 2020 年 10 月 12 日起，将远期售汇业务的外汇风险准备金率从 20% 下调为 0

我们选取 2015 年 10 月（即结售汇风险准备金政策实施首月）作为政策实施的分界点，采用如下回归方程对上述宏观审慎政策的效果进行了实证分析：

$$CAP_t = \beta_0 + \beta_1 X_t + \beta_2 IC_t + \beta_3 \Delta E R_t + \beta_4 G_t + \varepsilon_t \qquad (4.4)$$

其中，被解释变量 CAP_t 为短期资本流动规模，X_t 表示政策虚拟变量（2015 年 10 月开始取值为 1），IC_t 表示中美两国利差（以 10 年期中国国债收益率 - 10 年期美国国债收益率计算），$\Delta E R_t$ 表示当期美元对人民币预期汇率升水（基于无本金交割远期汇率 NDF 与即期汇率差值计算）的变化幅度，G_t 为（用工业增加值同比增速表示的）经济增速。

由于目前对短期跨境资本流动（或称“热钱”）的计算方法并无统一的公式，不过理论研究中估算方法主要是根据收支平衡表进行计算：热钱 = 国际收支平衡净误差与遗漏 + 私人非银行部门短期资本流入 + 以其他名义通过正常渠道流入的短期资本。间接法是最常见和基础的算法，计算公式包括“新增外汇储备增量 – FDI 净流入 – 实际贸易顺差”“外汇占款增量 – FDI 净流入 – 实际贸易顺差”等。有些学者在前述间接法估算公式的基础上进一步考虑了外汇储备资产收益和储备货币汇率变动导致的资本损益因素，因此原公式中的抵减项“新增外汇储备”也进一步具体化为“新增外汇储备 – 储备资产资本损益 – 汇率收益”。此外，还有学者对间接法中的“实际贸易顺差”进行细分，认为“实际贸易顺差”中可能包含了“不正常”的贸易顺差，因此应该改进为“正常贸易顺差”。例如，张谊浩等（2008）将当期正常贸易顺差设定为当月前四年各月实际贸易顺差的移动平均值。与间接法相对应的还有直接法，例如刘莉亚（2008）将境外投机资金定义为“超额贸易顺差 + 超额经常转移 + 错误与遗漏项”。

我们对于短期跨境资本流动 CAP_t 的估算采用了赵洪岩（2016）的计算公式。该方法同样以估算“排除由国际贸易和直接投资等正常经济活动带来的剩余外汇波动”作为短期资本流动。具体来说，本书采用的 CAP_t 的具体计算公式为：

$$\begin{aligned}\text{短期跨境资本流动} = & \text{银行部门外汇头寸变化} + \text{外汇存款变化} \\ & - \text{经常账户项目余额} - \text{净直接投资}(FDI - ODI) \\ & - \text{国际贸易结算}\ RMB\ \text{余额} \end{aligned} \tag{4.5}$$

针对上述公式中的“国际贸易结算 *RMB* 余额”，我们分别采用了三种不同定义以增强结果的稳健性。第一种 CAP_t^1 为仅包含贸易和

FDI 的结算余额，第二种 CAP_t^2 同时考虑了包含贸易和 *FDI*、以及资本账户的结算余额，第三种 CAP_t^3 则不考虑该子项目。

从短期资本流动规模（见图 4.2）看出，2014 年之前短期资本流动相对稳定，2014 年之后受当时经济增长下行的压力增大，以及发达经济体货币政策转向的影响，短期资本开始表现出外流的趋势。结售汇风险准备金和境外金融机构人民币存款准备金政策的实施也均在 2014 年之后（分别是 2015 年和 2016 年）。另外，2020 年 1 月开始全球性新冠肺炎疫情的暴发也导致资本出现了剧烈波动，为了排除这一干扰因素，我们的回归包含了 2014 年 1 月至 2019 年 12 月的样本，另外为了提高结果的稳健性，我们也采用 2011 年 1 月至 2019 年 12 月的样本进行了分析。

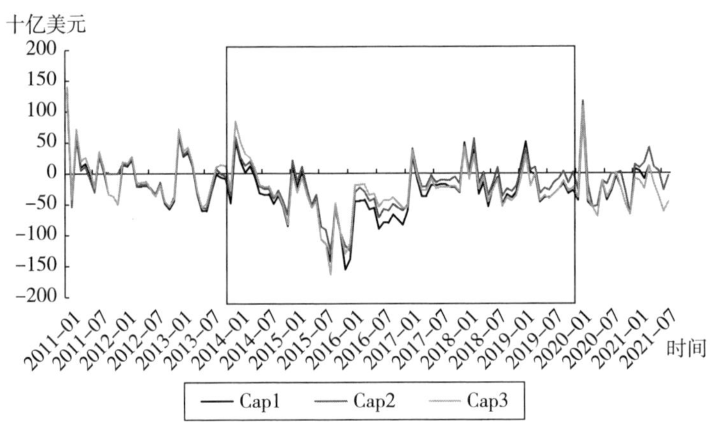

图 4.2　短期资本流动规模变化趋势（月度）

根据模型的设定，政策虚拟变量的系数符号预期为正，即跨境资本相关准备金政策的实施有利于促进短期资本的流入/抑制短期资本流出。而在我们选取的样本期间（2014 年 1 月到 2019 年 12 月），短期资本流动基本处于净流出的状态，因此在以下的分析中，我们以“抑制短期资本流出”来简化表示“促进短期资本的流入/抑制短期资本流出”。

表 4.6　跨境资本流动的回归结果

	2014M1—2019M12			2011M1—2019M12		
	CAP_t^1 (1)	CAP_t^2 (2)	CAP_t^3 (3)	CAP_t^1 (4)	CAP_t^2 (5)	CAP_t^3 (6)
X_t	243.297 ** (2.34)	242.037 ** (2.52)	309.238 *** (3.22)	179.585 * (1.90)	160.359 * (1.77)	222.492 ** (2.41)
ΔER_t	-0.250 *** (-4.65)	-0.240 *** (-4.84)	-0.194 *** (-3.89)	-0.153 *** (-3.30)	-0.169 *** (-3.68)	-0.103 ** (-2.27)
IC_t	0.564 (0.49)	0.178 (0.17)	0.842 (0.80)	1.666 * (1.95)	0.694 (0.78)	1.892 ** (2.27)
G_t	100.595 ** (2.17)	97.872 ** (2.29)	151.956 *** (3.55)	43.308 ** (2.19)	31.895 * (1.68)	62.973 *** (3.26)
Adj R^2	0.424	0.413	0.458	0.435	0.387	0.439
F - stat	7.694	8.220	8.808	9.752	7.687	10.269
N	72	72	72	108	105	108

注：（1）回归包含常数项（结果省略）；* 表示在 10% 水平上显著；** 表示在 5% 水平上显著；*** 表示在 1% 水平上显著。括号内为 t 值。

（2）前 3 列结果的样本期为 2014 年 1 月至 2019 年 12 月，后 3 列结果的样本期为 2011 年 1 月至 2019 年 12 月。

从实证结果来看，跨境资本相关准备金政策的实施可以显著抑制短期资本的流出。表 4.6 第（1）列的估计参数意味着相关政策实施后，每月短期资本流出平均减少 243 亿美元（或者说是短期资本流入平均增加 243 亿美元）。不同的短期资本衡量方法与不同时长的样本期下，我们估计得到的 β_1 估计值均显著为正，说明了该结果的稳定性。

控制变量中的美元对人民币预期汇率升水变化 ΔER_t 和经济增速 G_t 在两个样本期内对短期资本流动均具有显著影响。人民币预期升水增幅越大（即美元升水降幅越大）、中国经济增速越高，则短期资本流出规模越小。也就是说，人民币升值预期和高经济增速可以抑制短期资本流出，这与现有理论相符合。而中美利差 IC_t 在第一个样本期（2014 年 1 月至 2019 年 12 月）内不显著，在更长的样本期（扩大至 2011 年 1 月开始）中得到的参数估计值则显著为正，意味着中美利差在2011年1月至2013年12月内是吸引短期资本流入中国（抑制短期资本流出中国）的重要因素，但是在2014年之后其影响并不显著。

◎ 四、实证结果分析

实证结果显示：一是差别准备金动态调整制度的实施对银行信贷增速有显著的逆周期调节作用。差别存款准备金制度的实施使得银行信贷增速平均降低了约1个百分点。二是房地产市场贷款价值比和房贷利率对房价都有显著的调控效果。首套房首付比例要求提高一成，房价环比将平均下降0.4%；二套房首付比例要求提高一成，房价环比将平均下降0.1%；住房公积金贷款利率每增加1%，房价环比均值的增速将下降0.17%。此外，宏观利率也对房价有显著的逆周期调节作用，一年期SHIBOR利率每提高1个百分点，房价下降幅度在0.07%至0.12%之间。因此，货币政策与房地产金融宏观审慎政策相结合，对房价的调控效果更好。三是境外金融机构境内存款准备金政策对抑制短期资本流出作用显著。跨境资本相关准备金政策实施后，每月短期资本流出平均减少243亿美元（或者说是短期资本流入平均增加243亿美元）。人民币升值预期和高经济增速也可以抑制短期资本流出。正如人民银行行长易纲2018年12月13日在长安讲坛上指出的，“我们的货币政策既要考虑到内部均衡，也要考虑到外部均衡。当协调内部均衡和外部均衡存在矛盾时，我们要注意把握好平衡……资金的流入、流出有的时候会产生‘羊群行为’，有的时候会产生非理性的恐慌，这时候我们就要考虑实施宏观审慎政策”。对中国的实证分析表明，货币政策与宏观审慎政策相结合的双支柱调控框架，对主要宏观变量的调节效果更为显著。健全和完善双支柱调控框架，对中国宏观经济的发展有重要意义。

第五章　主要结论及政策建议

货币政策与宏观审慎政策更紧密融合，是2008年国际金融危机以来全球金融体系出现的重要趋势。与实践领域积极探索相比，国内外关于货币政策与宏观审慎政策协调配合的研究并不深入，多为定性分析或对现有实践经验的归纳总结，缺乏必要的理论模型支持和实证检验。为此，本书在对有关文献进行全面梳理的基础上，分析了国内外关于货币政策与宏观审慎政策协调配合的实践，通过建立动态随机一般均衡DSGE模型探讨了货币政策与宏观审慎政策协调的可能性和最佳策略，并结合近年来我国创设和使用的宏观审慎政策工具实践情况，对双支柱调控框架的有效性进行了分析和实证检验。

◎ 一、主要研究结论

1. 货币政策与宏观审慎政策需加强协调配合

货币政策与宏观审慎政策的目标、工具和传导等均存在一定的不同。货币政策主要以物价稳定和促进经济增长为目标，而宏观审慎政策则主要以维护金融稳定为目标；货币政策主要用于调节总需求，而宏观审慎政策则更多地针对加杠杆行为；货币政策以利率等作为工具，宏观审慎政策则主要调整资本要求、杠杆水平、贷款价值比等；货币政策通过利率、信贷、汇率等进行传导，而宏观审慎政策则更多地影响资产价格，通过资产价格渠道进行传导。但货币政策与宏观审慎政策都具有宏观管理的属性，既会通过利率、信贷和资产价格等渠道影响经济活动，也会通过居民、企业和金融机构的资产负债表等渠道影响不同经济部门的财务状况，二者之间有较为繁杂的交互作用和溢出效应。而且，物价与资产价格往往也存在较强的互动联系和相互影响，资产价格和金融市场的大幅波动最终会对物价和经济产生明显冲击，而资产价格对利率变化又高度敏感，货币政策与宏观审慎政策实际上很难完全分离。

单靠货币政策和宏观审慎政策中的任何一个政策很可能都难以真正达成其政策目标。一方面，仅靠货币政策来维护金融稳定成本较高，存在政策目标之间的冲突。从事前治理角度看，货币政策作为总量型调控手段，在平抑金融周期与防范金融风险方面的作用相对有限。而从事后应对角度看，货币政策应对金融风险往往“治标不治本”，很难直接起到修复金融机构资产负债表的作用，甚至过度宽松的货币政策反而会进一步恶化金融机构资产负债表的质量。另一方面，维护金融稳定也不能仅仅依靠宏观审慎政策。有效发挥宏观审慎政策的作用，离不开与货币政策之间的密切配合。宏观审慎政策本身是否足以防止系统性金融风险的形成是有争议的，即使是在积极使用宏观审慎政策的国家，也会出现宏观杠杆率和房地产价格的攀升，需要与货币政策协调配合共同防范和化解金融风险。同时，金融周期和经济周期的不同步性，进一步增强了宏观审慎政策和货币政策协调配合的必要性，货币政策需要与宏观审慎政策共同配合以熨平金融周期的波动，并以此保持经济的平稳运行。

货币政策与宏观审慎政策协调配合具有较强的可行性。货币政策和宏观审慎政策在传导机制上存在一定的相似性。货币政策通过影响资产价值、融资成本和风险定价等因素，影响金融机构对风险的感知和容忍度，从而影响金融机构的信贷和投资决策，并最终作用于总产出和金融稳定。而宏观审慎政策在金融机构风险承担中发挥着重要作用，也会影响货币政策效果。当然，货币政策和宏观审慎政策对金融机构风险承担的影响存在区别。一般而言，宏观审慎政策主要针对特定领域和特定金融活动，具有更高的灵活性，而货币政策会在更广泛的范围内影响国内经济和金融系统，受到国内外的约束相对更大一些。总体上看，宏观审慎政策和货币政策通过各自的传导渠道相互作用，宏观审慎政策能够为货币政策“减负”，从而可以使货币政策更专注于维护价格稳定的目标，而货币政策反过来也会影响信贷供给和需求、金融机构风险冲动和资金状况等，稳定的宏观金融环境也有助于实现金融稳定。两项政策通过互相补充和强化，可以同时实现价格稳定和金融稳定目标。当然，从操作层面看，对于货币政策与宏观审慎政策的协调配合还存在一些争论，一些观点将两者视为互相替代的关系，但也有观点认为两者是互补的，可以协同作用，这不仅依赖于经济运行状况，也依赖于银行的资本充足率等情况，需要根据具体情况作出具体分析。

2. 中央银行应在双支柱框架建设中扮演关键角色

货币政策和宏观审慎政策协调配合，有利于同时实现价格稳定和金融稳定目标。但两种政策之间有时也存在目标冲突问题，为了更有效地发挥合力，一般认为应由同一主体同时负责制定上述两种政策。货币政策是中央银行的最重要职责。若要有效兼顾并协调好货币政策与宏观审慎政策，有必要将这两大政策均置于中央银行职能之下。而且，从宏观审慎政策本身看，其本质属于宏观经济管理和维护金融稳定的范畴，中央银行在对宏观经济、金融市场和支付体系等的深刻理解方面拥有无可争辩的优势，而这些正是制定有效的宏观审慎政策的基础，因此宏观审慎政策也应由中央银行统筹负责。

实践中，各主要经济体的央行均在货币政策和宏观审慎政策框架中扮演主要角色。2008 年国际金融危机以来，各国在金融改革实践中，都强化了中央银行在宏观审慎政策框架中的核心地位，同时为了保障央行有效履行宏观审慎管理职责，也赋予央行对系统重要性金融机构和重要金融基础设施等的监管权。由央行来牵头制定货币政策和宏观审慎政策，使得两个政策领域之间的协作变得更加容易。根据金融稳定理事会（FSB）的统计，危机以来实践中多数经济体采取了由央行某个部门或设在央行内部的委员会作为宏观审慎主导部门的做法，也有一些经济体由设在央行外部的委员会负责宏观审慎政策，但央行也会负责监测分析系统性风险并提出建议。例如，英格兰银行行长既负责制定和实施货币政策，又担任宏观审慎政策决策委员会主席，负责宏观审慎管理；美联储也在对系统重要性金融机构实施宏观审慎管理中承担领导者角色；欧洲央行更是集货币政策、宏观审慎政策与微观审慎监管职能于一身；在新兴市场经济体中，大多数央行具有金融稳定目标，且拥有较为丰富的宏观审慎政策工具，同时也有一些经济体由央行参与的机构间组织负责宏观审慎政策决策和工具使用，但央行会负责监测分析系统性风险并提出建议。

3. 应根据不同情景采取相应的货币政策与宏观审慎政策工具组合

为量化分析宏观审慎政策与货币政策协调配合的效果，本书构建了一个带有金融摩擦的 DSGE 模型，对不同类型的货币政策和宏观审慎政策工具组合的调控效果及机制作了深入系统的研究，从而分析了如何使用“货币政策 + 宏观审慎政策”双支柱框架，能够更好地实现促进经济增长（包含物价稳定）和维护金融稳定的双重目标。通过使用脉冲响应和福利损失分析方法进行政策模拟，可以看到，应对不同情景，采取相应的货币政策与宏观审慎政策工具组合，能起到更好的效果。

当遇到技术冲击时，使用利率政策与企业贷款价值比的组合更加有效。面对正向技术冲击，在货币政策与资本充足率政策、货币政策与借贷型居民贷款价值比政策、货币政策与企业家贷款价值比政策三种政策组合作用下，产出、杠杆率等主要内生变量都有不同程度的变动。其中，货币政策与企业家贷款价值比政策组合下，各变量的波动相对较小且恢复到均衡状态的速度最快，能够更有效抑制经济过快增长和降低杠杆率水平，同时该政策组合下的社会福利损失值也相对较小，调控效果要优于其他两种政策组合。

当遇到银行资本冲击时，采用利率政策与资本充足率要求工具相配合能够起到更好的效果。面对正向银行资本冲击，在货币政策与资本充足率要求政策组合下，产出、杠杆率等主要内生变量的波动相对较小且恢复到均衡状态的速度最快。而且，该政策组合下的社会福利损失值以及通胀、杠杆率、产出、利率变化和宏观审慎政策变化的渐近方差都相对较小。这说明当经济受到金融冲击时，综合使用利率政策与资本充足率要求政策组合的调控效果更加有效。

当冲击主要来自于房地产需求时，则应考虑使用利率政策与居民贷款价值比的政策组合。面对正向房地产需求冲击，产出、杠杆率等主要内生变量在三种政策组合作用下都有不同程度的变动。其中，货币政策与借贷型居民贷款价值比政策组合下，主要变量的波动相对较小且恢复到均衡状态的速度最快，且社会福利损失值相对较小。如果使用另外两种政策组合，则会带来政策预期效果的不确定性。

4. 中国在探索构建双支柱框架方面取得了较好效果

2017 年党的十九大报告明确提出，“健全货币政策和宏观审慎政策双支柱调控框架”，这是国内外首次明确建立宏观调控政策层面的双支柱框架，其内涵十分丰富，是包含目标、评估、工具、实施、传导、治理架构等一系列内容的综合体。我国双支柱框架的提出和建立，是货币政策与宏观审慎政策协调配合的理论升华和实践创新。

实际上，我国较早即开始了货币政策与宏观审慎政策相结合方面的探索和实践。在国际金融危机之前，虽然宏观审慎政策的概念并未流行，但人民银行在调控实践中，已经认识到资产价格容易脱离实体经济基本面出现大起大落现象，单靠货币政策调控，比如调整利率很难达到精准调控的目的。在此情况下，人民银行采取了宏观审慎政策与货币政策相配合的操作，例如2003年的房地产市场调控就是一个典型的例子，通过采取收紧贷款价值比（LTV）等宏观审慎政策工具，更有针对性地对房地产市场适度降温，促进房地产市场的持续健康发展，同时避免对整体经济造成过大冲击。2011年人民银行正式引入差别准备金动态调整机制，并于2015年12月29日宣布自2016年起将差别准备金动态调整机制“升级”为宏观审慎评估（MPA），通过综合评估加强逆周期调节和系统性金融风险防范，在促进金融机构稳健审慎经营、引导货币信贷和社会融资规模合理增长、加强系统性金融风险防范、提高金融服务实体经济效率等方面发挥了重要作用。在稳步推进资本项目可兑换的大背景下，中国还采取了宏观审慎政策对资本流动进行管理，有效地提高了货币政策自主性。总的来看，宏观审慎政策和货币政策的配合使得中国较好地应对了复杂形势的挑战，为供给侧结构性改革营造了中性适度的货币金融环境，同时较好地防范了系统性金融风险，维护了金融稳定，有力促进了我国经济健康可持续发展。

本书选取了中国货币政策与宏观审慎政策协调配合的三个具有代表性的政策组合，对中国构建双支柱调控框架的有效性进行了检验。实证结果显示，差别存款准备金动态调整机制和存款准备金政策对银行信贷增速均有显著的逆周期调节作用。存款准备金率提高1个百分点，短期内可以降低银行信贷增速1个百分点，如果实施差别准备金制度，短期内将额外降低银行信贷增速1个百分点。两个政策配合使用，逆周期调节银行信贷的效果更加明显。房地产市场贷款价值比和利率对房价都有显著的调控效果。SHIBOR每提高1个百分点，房价短期内下降幅度在1.2%至2.2%之间。与此同时，如果提高房地产首套房或者同时提高首套房与二套房首付比例一成，则房价平均降低2%。因此，货币政策与房地产金融宏观审慎政策相结合，对房价的调控效果更好。利率政策与境外金融机构境内存款准备金政策对抑制短期资本流出作用显著。中美利差与短期资本跨境流动有一定相关性。2016 年 1 月开始实施的境外金融机构境内人民币存款准备金政策，也显著降低了每月短期资本流出规模。

◎ 二、主要政策建议

构建货币政策和宏观审慎政策双支柱框架，是国际金融危机以来才真正开始启动的一项全新探索，国际上也尚未形成成熟的理论和实践经验，实际上中国已经走在了世界的前面。从这个方面看，我们不能仅仅满足于当前的探索成效，还应为全球构建和完善货币政策与宏观审慎政策协调配合机制作进一步创新性探索并积累有价值的中国经验。同时，也应看到，我国的宏观审慎政策本身及其与货币政策的协调配合也还存在一些不足和有待改进之处，这也需要我们作进一步深入研究和积极实践。鉴于此，为推动金融更好地支持实体经济发展，并有效防范化解系统性金融风险，维护金融稳定，提出以下五条建议：

1. 深化金融管理体制改革，为健全双支柱调控框架提供制度保障

党的十九大以来，我国金融监管体制改革取得重要进展，国务院金融稳定发展委员会正式成立，作为国务院统筹金融稳定和改革发展重大问题的议事协调机构，并将办公室设在中央银行。人民银行作为中央银行和国务院金融稳定发展委员会办公室，在负责制定和执行货

币政策的同时，被赋予负责牵头建立宏观审慎管理框架，拟定金融业重大法律法规和其他有关法律法规草案，制定审慎监管基本制度，负责宏观审慎管理，牵头负责系统性金融风险防范和应急处置，负责金融控股公司等金融集团和系统重要性金融机构基本规则制定、监测分析和并表监管等重要职责。可以说，中国已经初步建立了以国务院金融稳定发展委员会牵头抓总的、中央银行扮演关键角色的宏观审慎政策治理框架。

但在实际执行层面，还有一些问题需要协调解决。例如，宏观审慎管理机构设置、具体职责、监管工具和方法等。鉴于此，可在人民银行设立专职负责宏观审慎政策的部门，并与货币政策部门相平行，一方面，能够各司其职，避免单个部门任务过于集中，影响政策制定和实施的效率；另一方面，两个部门同时置于人民银行内部，有利于加强二者的协调配合，减少政策重叠和冲突等问题。此外，应加快推动相关立法，以法律形式明确建立各职能部门的职责分配、监管效力秩序及信息采集、共享等问题，并赋予中央银行必要的宏观审慎管理指令权，推动双支柱政策框架落到实处。目前，人民银行已经成立宏观审慎管理局，专门负责牵头建立宏观审慎政策框架和基本制度，以及系统重要性金融机构评估、识别和处置机制；金融控股公司等金融集团和系统重要性金融机构基本规则拟定、监测分析、并表监管；外汇市场宏观审慎管理等。

2. 进一步完善货币政策调控框架，逐步向以价格型调控为主转变

随着利率市场化改革取得重要进展，汇率形成机制改革持续推进，我国货币政策逐步转向以价格型调控为主的框架的条件日趋成熟。特别是近几年来，人民银行不断完善中央银行政策利率体系，建立健全利率走廊机制，引导市场利率以政策利率为中枢波动。持续健全市场化利率形成和传导机制，货币政策传导效率不断提升。人民币

汇率形成机制不断健全，汇率弹性明显增强，有效地保障了货币政策的独立性。与此同时，由于金融市场发展迅速，金融创新层出不穷，数量型目标的可测性及其与货币政策最终目标的相关性都有所下降，货币政策向价格型调控为主转变的必要性和紧迫性也日渐增强。此外，也要看到，要构建货币政策与宏观审慎政策双支柱框架，也需要货币政策转向以价格稳定为主要目标，从而更好地与以金融稳定为目标的宏观审慎政策相配合。

因此，建议按照党中央决策部署，加快建立现代中央银行制度，健全货币政策调控框架，强化价格型调控与传导，进一步突出价格稳定目标，健全政策利率体系与利率走廊机制，深化利率和汇率市场化改革，进一步疏通货币政策传导渠道，发挥价格杠杆在优化资源配置中的作用，并与宏观审慎政策协调配合，更加有效地实现货币政策和宏观审慎政策调控目标。

3. 进一步健全宏观审慎管理体系，切实维护金融稳定

一是将更多金融活动纳入宏观审慎管理。宏观审慎管理主要针对的是系统重要性金融机构，人民银行已联合有关部门制定和发布了《关于完善系统重要性金融机构监管的指导意见》《系统重要性银行评估办法》《系统重要性银行附加监管规定（试行）》等一系列规定，将系统重要性金融机构纳入宏观审慎管理范围。建议中央银行要在已有基础上，进一步研究完善加强包括银行、证券、保险等在内的系统重要性金融机构的监管法规，并按需要将更多金融机构及其金融行为纳入宏观审慎政策框架下，有效维护整个金融体系的稳定。

二是加强系统重要性金融机构的识别和监管，有效维护金融体系稳定。2008 年国际金融危机表明，具有系统重要性的大型复杂金融机构监管制度不健全，“大而不能倒”问题突出，将引发严重的道德风险，威胁金融稳定。因此，要及时、定期识别系统重要性金融机

构，对其适用更为严格的监管标准和措施，包括并表监管及附加资本和杠杆率等审慎标准，以降低系统性风险。目前央行已研究制定加强包括银行、证券、保险等在内的系统重要性金融机构监管的法规，建议继续推进相关工作落地生效。

三是丰富和完善宏观审慎政策工具。根据形势发展变化、市场创新发展等情况，更新和完善宏观审慎评估指标体系及标准，并进一步将宏观审慎评估扩大到证券、保险、基金等各类金融机构和主要金融市场。继续落实巴塞尔协议Ⅲ要求，持续完善金融机构资本监管框架，加强流动性风险监管。进一步研究推出适合构建双支柱调控框架的宏观审慎政策工具，完善针对不同实施对象的贷款价值比等工具，以更好地配合货币政策调控，实施宏观审慎管理。

四是适当减少金融体系的关联度。通过强化金融控股公司监管、统一资产管理业务等跨行业跨市场金融产品的监管规制、加强金融市场基础设施监管、设置场外衍生品交易保证金要求及大额风险敞口上限等，建立健全相关机制性安排，降低金融系统的内部关联度，有效避免风险传染，提高金融体系的风险承受能力。此外，加快完善相关配套措施，为强化宏观审慎管理提供保障。加快推动宏观审慎管理相关立法，以法律形式明确各监管机构的职责分配、监管效力秩序及信息采集、共享等问题，并赋予中央银行必要的宏观审慎管理指令权，推动宏观审慎管理政策落到实处。同时，在宏观审慎政策实施过程中，赋予地方一定的弹性掌握空间，给予其适当的灵活度和自主性，以充分体现经济金融周期波动和风险积累与释放过程的区域性差异。

4. 加强经济金融形势分析判断，利用双支柱政策框架有效实施逆周期调控

实施逆周期调控，是货币政策与宏观审慎政策的共同特征，也是

建立健全双支柱框架、做好货币政策与宏观审慎政策协调配合的必然要求。其中，首要任务就是要对宏观经济金融发展形势作出准确的研究判断，否则就难以把握好实施逆周期调控的时机、节奏和力度，也就难以建立并发挥好双支柱框架的重要作用。

鉴于此，要抓紧构建高效充分的经济基本面与金融稳定各方面信息的采集系统和分析框架，建立全面覆盖各类金融机构、业务和市场的综合统计体系，加快建立货币政策与宏观审慎政策工具的案例库和数据库，并根据政策工具的实施效果不断总结经验，持续提升分析判断水平。在此基础上，利用货币政策与宏观审慎政策协调配合，既分别使用两项政策聚焦自身主要目标进行逆周期调控，又能有效配合，处理好促进经济高质量发展和维护金融稳定的关系，增强金融宏观调控的有效性，形成经济与金融良性互动的局面。在实施过程中，要根据具体情况需要，运用相应的货币政策与宏观审慎政策工具，既要有效维护价格与金融双稳定，又要尽可能提高政策效率，并增进全社会福利。

5. 建立健全金融机构风险处置机制，有效应对可能出现的风险事件

中央银行是金融体系的“最后贷款人”，不仅在宏观审慎政策方面要负责维护金融稳定，避免出现系统性金融风险，在货币政策方面也很大程度上受金融稳定的影响，特别是在风险处置过程中，货币政策也可以发挥积极作用。因此，建议针对金融机构特别是系统重要性金融机构，要建立专门的风险处置机制，确保货币政策部门和宏观审慎管理部门能够及时干预，并采取有效的处置工具快速、有序处置风险，保持关键业务和服务不中断，避免单家机构倒闭对金融体系或经济造成系统性冲击。为减少对公共资金救助的依赖，防范道德风险，首先，金融机构倒闭的损失应首先由股东及无担保债权人承担，其次

考虑行业积累形成的各类保障基金介入，必要时再由中央银行综合考虑货币政策及宏观审慎政策实施需要，作为“最后贷款人”提供援助，以及财政部门使用公共资金对问题机构提供注资，以维护金融体系的系统稳定性。

参考文献

［1］温信祥，苏乃芳．大资管、影子银行与货币政策传导［J］．金融研究，2018（10）：38－54.

［2］温信祥．如何实现货币政策和宏观审慎政策的有效配合［J］．清华金融评论，2019（4）：63－66.

［3］温信祥．经济企稳向好为深化供给侧改革创造适宜环境［J］．紫光阁，2017（3）：46－47.

［4］温信祥．奠定新时期金融稳定发展的基石——全国金融工作会议精神解读［J］．紫光阁，2017（8）：30－32.

［5］陈利锋．限购冲击下的房价波动、需求抑制与宏观审慎政策［J］．贵州财经大学学报，2013（4）：1－10.

［6］陈明玮，袁梦怡，王博．新常态下宏观审慎工具的有效性——基于 DSGE 模型的分析框架［J］．财经问题研究，2016（11）：59－65.

［7］程璐．货币政策与宏观审慎政策的效用结果研究——基于新凯恩斯 DSGE 模型［J］．当代经济科学，2015（6）：34－41.

［8］戴金平，陈汉鹏．中国的利率调节、信贷指导与经济波动——基于动态随机一般均衡模型的分析［J］．金融研究，2013（11）：1－14.

[9] 戴金平，金永军，刘斌．资本监管、银行信贷与货币政策非对称效应［J］．经济学（季刊），2008，（2）．

［10］方意．宏观审慎政策有效性研究［J］．世界经济，2016（8）：25－49.

［11］方意，赵胜民，谢晓闻．货币政策的银行风险承担分析——兼论货币政策与宏观审慎政策协调问题［J］．管理世界，2012（11）．

［12］谷慎，岑磊．宏观审慎监管政策与货币政策的配合——基于动态随机一般均衡分析［J］．当代经济科学，2015（6）．

［13］金鹏辉，张翔，高峰．银行过度风险承担及货币政策与逆周期资本调节的配合［J］．经济研究，2014（6）．

［14］金鹏辉．银行风险承担渠道、货币政策与宏观审慎监管：研究述评与展望［J］．南方金融，2014（8）：13－20.

［15］黄志刚．资本流动、货币政策与通货膨胀动态［J］．经济学（季刊），2010（4）：1331－1358.

［16］简志宏，刘静一，朱柏松．非平稳技术冲击、时变通胀目标与中国经济波动——基于动态随机一般均衡的分析［J］．管理工程学报，2013（3）：124－131.

［17］李波．构建货币政策和宏观审慎政策双支柱调控框架［M］．北京：中国金融出版社，2018.

［18］李斌，吴恒宇．对货币政策和宏观审慎政策双支柱调控框架内在逻辑的思考［J］．金融研究，2019（12）：1－17.

［19］梁璐璐，赵胜民，田昕明，罗金峰．宏观审慎政策及货币政策效果探讨：基于DSGE框架的分析［J］．财经研究，2014（3）．

［20］刘莉亚．境外“热钱”是否推动了股市、房市的上涨？——来自中国市场的证据［J］．金融研究，2008（10）．

［21］马勇，陈雨露．宏观审慎政策的协调与搭配：基于中国的模拟分析［J］．金融研究，2013（8）：57－69.

［22］马勇，姚驰．双支柱下的货币政策与宏观审慎政策效应——基于银行风险承担的视角［J］．管理世界，2021（6）：51－69.

［23］孙丹，李宏瑾．经济新常态下我国货币政策工具的创新［J］．南方金融，2017（9）．

［24］王爱俭，王璟怡．宏观审慎政策效应及其与货币政策关系研究［J］．经济研究，2014（4）．

［25］许欣欣，李天德．国际资本波动会加剧金融体系的风险吗？——基于115个经济体的面板数据分析［J］．西南民族大学学报（人文社会科学版），2014（5）．

［26］杨秀云，吴智华．中国货币政策与宏观审慎政策协调搭配研究［M］．北京：中国财政经济出版社，2020.

［27］闫先东，张鹏辉．货币政策与宏观审慎政策的协调配合［J］．金融论坛，2017（4）：30－41.

［28］易纲．中国货币政策框架：支持实体经济，处理好内部均衡和外部均衡的平衡［Z］．中国经济50人论坛长安讲坛，2018－12.

［29］易纲．坚守币值稳定目标　实施稳健货币政策［J］．求是，2019（23）．

［30］张明，肖立晟．国际资本流动的驱动因素：新兴市场与发达经济体的比较［J］．世界经济，2014（8）．

［31］张斌．发达经济体为什么采取宽松货币政策［J］．经济学动态，2020（12）：28－39.

［32］张晓慧．宏观审慎政策在中国的探索［J］．中国金融，2017（11）．

［33］张晓晶，刘磊．宏观分析新范式下的金融风险与经济增长——兼论新型冠状病毒肺炎疫情冲击与在险增长［J］．经济研究，2020（6）：4－21.

［34］张谊浩，沈晓华．人民币升值、股价上涨和热钱流入关系的实证研究［J］．金融研究，2008（11）．

［35］周小川．金融政策对金融危机的响应——宏观审慎政策框架的形成背景、内在逻辑和主要内容［J］．金融研究，2011（1）．

［36］周小川．守住不发生系统性金融风险的底线［M］．十九大报告辅导读本．北京：人民出版社，2017.

［37］周小川．金融服务实体经济的理念、相关政策和长期效果［J］．比较，2021（4）．

［38］庄子罐，崔小勇，赵晓军．不确定性、宏观经济波动与中国货币政策规则选择——基于贝叶斯 DSGE 模型的数量分析［J］．管理世界，2016（11）：20－31.

[39] Adolfson M , Laseen S , J Linde, et al. Bayesian estimation of an open economy DSGE model with incomplete pass – through [J]. Journal of International Economics, 2007, 72 (2): 481 – 511.

[40] Adolfson M , Laseen S , Linde J , et al. Evaluating An Estimated New Keynesian Small Open Economy Model [J]. Journal of Economic Dynamics & Control, 2008, 32 (8): 2690 – 2721.

[41] Adrian T, Boyarchenko N, Giannone D. Vulnerable growth [J]. American Economic Review, 2019, 109 (4): 1263 – 1289.

[42] Adrian T, Shin H S. Procyclical leverage and value – at – risk [J]. The Review of Financial Studies, 2014, 27 (2): 373 – 403.

[43] Altig D , J Lindé, Christiano L J , et al. Firm – Specific Capital, Nominal Rigidities and the Business Cycle [J]. Review of Economic Dynamics, 2011, 14 (2): 224 – 247.

[44] Ajello A, Laubach T, Lopez – Salido D, et al. Financial stability and optimal interest – rate policy. Finance and Economics Discussion Series 2016 – 067. Washington, DC: Board of Governors of the Federal Reserve System, 2016.

[45] Angelini P , Neri S , Panetta F . Monetary and Macroprudential Policies [J]. SSRN Electronic Journal, 2011, 42 (4): 551 – 574.

[46] Angeloni, Ignazio, and Ester Faia. Capital regulation and monetary policy with fragile banks [J]. Journal of Monetary Economics, 2013, 60 (3): 311 -324.

[47] Angelini P, Neri S, Panetta F. The interaction between capital requirements and monetary policy [J]. Journey of Money, Credit and Banking, 2014, (6): 1073 -1112.

[48] Aiyar S, Calomiris C W, Wieladek T. How does credit supply respond to monetary policy and bank minimum capital requirements? [J]. European Economic Review, 2016, 82: 142 -165.

[49] Gerali, A. , Neri, S. , Sessa, L. and Federico, F. M. Credit and Banking in a DSGE Model of the Euro Area [J]. Journal of Money, Credit and Banking, 2010, 42 (9) .

[50] Angeloni, Ignazio, and E. Faia. Capital regulation and monetary policy with fragile banks [J]. Journal of Monetary Economics, 2013, 60 (3) .

[51] Angelini, Paolo, S. Neri, and F. Panetta. The Interaction between Capital Requirements and Monetary Policy [J]. Journal of Money Credit & Banking, 2014, 46 (6) .

[52] Basten, C and C Koch. Higher bank capital requirements and mortgage pricing: Evidence from the Countercyclical Capital Buffer (CCB) [J]. BIS Working Papers, 2015, No 511, Bank for International Settlements.

[53] Beau, Denis and Clerc, Laurent and Mojon, Benoit. Macro - Prudential Policy and the Conduct of Monetary Policy (July 1, 2012) [J]. Banque de France Working Paper No. 390.

[54] Bedayo M, Estrada Á, Saurina J. Bank capital, lending booms, and busts: Evidence from Spain over the last 150 years [J]. Latin American Journal of Central Banking, 2020, 1 (1 -4): 100003.

[55] Bernanke B S , Gertler M , Gilchrist S . The financial accelerator in a quantitative business cycle framework [J]. Handbook of Macroeconomics, 1999, 1: 1341 - 1393.

[56] Bernanke B S. Implications of the financial crisis for economics: a speech at the Conference Co - sponsored by the Center for Economic Policy Studies and the Bendheim Center for Finance [J]. Princeton University, Princeton, New Jersey, September 24, 2010.

[57] Bernanke B S. Implementing a macroprudential approach to supervision and regulation [J]. Federal Reserve Bank of Chicago Proceedings, 2011 (1110) .

[58] Bernanke B S. Federal reserve policy in an international context [J]. IMF Economic Review, 2017, 65 (1): 1 - 32.

[59] Bianchi, Javier, and Enrique G. Mendoza. Optimal time - consistent macroprudential policy [J]. Journal of Political Economy, 2018, 126 (2) .

[60] BIS, Monetary and Economic Department. Macroprudential frameworks, implementation and relationship with other policies. BIS papers, 2017, No. 94.

[61] Blanchard O J , Kiyotaki N . Monopolistic Competition and the Effect of Aggregate Demand [J]. American Economic Review, 1987, 77 (4): 647 - 666.

[62] Blanchard, Olivier, G. Dell'Ariccia, and P. Mauro. Rethinking Macroeconomic Policy [J]. New Finance 42. Supplement s1, 2010.

[63] Bliss, Robert R, and G. G. Kaufman. Bank Procyclicality, Credit Crunches, and Asymmetric Monetary Policy Effects: A Unifying Model [J]. Journal of Applied Finance, 2003, 13 (2) .

[64] Borio C, Zhu H. Capital regulation, risk - taking and monetary policy: a missing link in the transmission mechanism? [J]. Journal of Fi-

nancial stability, 2012, 8 (4): 236 - 251.

[65] Borio, Claudio. The financial cycle and macroeconomics: What have we learnt? [J]. Journal of Banking & Finance, 2014, 45 (8).

[66] Borio, Claudio, et al. Monetary policy in the grip of a pincer movement [J]. BIS Working Paper No. 706, 2018.

[67] Brunnermeier M K, Sannikov Y. The I theory of money [R]. National Bureau of Economic Research, 2016.

[68] Bruno V, Shim I, Shin H S. Comparative assessment of macro-prudential policies [J]. Journal of Financial Stability, 2017, 28: 183 - 202.

[69] Charles R. Bean & Matthias Paustian & Adrian Penalver & Tim Taylor, 2010. "Monetary policy after the fall," Proceedings - Economic Policy Symposium - Jackson Hole. Federal Reserve Bank of Kansas City, pages 267 - 328.

[70] Christiano L, Motto R, Rostagno M. Banking and Financial Frictions in a Dynamic, General Equilibrium Model. 2002.

[71] Christiano L J, Eichenbaum M, Evans C L. Nominal Rigidities and the Dynamic Effects of a Shock to Monetary Policy [J]. Journal of Political Economy, 2005, 113 (1): 1 - 45.

[72] Cohen, Benjamin H., and M. Scatigna. Banks and capital requirements: Channels of adjustment [J]. Journal of Banking & Finance 2016, 69.

[73] Cozzi G, Darracq Paries M, Karadi P, et al. Macroprudential policy measures: Macroeconomic impact and interaction with monetary policy [R]. ECB working Paper No. 20202376, 2020.

[74] Curdia V, Woodford M. Credit Spreads and Monetary Policy [J]. Journal of Money, Credit and Banking, 2010, 42.

[75] Delis M. D, Kouretas G. P. Interest rates and bank risk - taking [J]. Journal of Banking & Finance, 2011, 35 (4): 840 - 855.

[76] Dell Ariccia, Giovanni, Luc Laeven, and Robert Marquez. Real interest rates, leverage, and bank risk – taking [J]. Journal of Economic Theory 149 (2014): 65 – 99.

[77] Dell'Ariccia G, Laeven L, Suarez G A. Bank leverage and monetary policy's risk - taking channel: evidence from the United States [J]. the Journal of Finance, 2017, 72 (2): 613 – 654.

[78] Degryse H, Karapetyan A, Karmakar S. To ask or not to ask? Bank capital requirements and loan collateralization [J]. Journal of Financial Economics, 2021 , 142: 239 – 60.

[79] Frank, Smets, Raf, et al. An estimated dynamic stochastic general equilibrium model of the euro area [J]. Journal of the European Economic Association, 2003.

[80] Funke M , Paetz M , Chen Q . Market and Non – Market Monetary Policy Tools in a Calibrated DSGE Model for Mainland China [J]. BOFIT Discussion Papers, 2012.

[81] Galí, Jordi. Monetary Policy and Rational Asset Price Bubb [J]. American Economic Review, 2014, 104 (3) .

[82] Galati G, Moessner R. What do we know about the effects of macroprudential policy? [J]. Economica, 2018, 85 (340): 735 – 770.

[83] Galán J E. The benefits are at the tail: uncovering the impact of macroprudential policy on growth – at – risk [J]. Journal of Financial Stability, 2020: 100831.

[84] Gambacorta, Leonardo, and A. Murcia. The Impact of Macroprudential Policies and Their Interaction with Monetary Policy: An Empirical Analysis Using Credit Registry Data [R]. BIS Working Papers, 2017 .

[85] Gerali, Andrea, et al. Credit and Banking in a DSGE Model of the Euro Area [J]. Journal of Money Credit & Banking 42. Supplement s1 , 2010.

[86] Glocker C , Towbin P . Reserve Requirements for Price and Financial Stability – When Are They Effective? [J]. International Journal of Central Banking, 2012, 8.

[87] Grauwe P D and Gros D. A New Two – Pillar Strategy for the ECB [J]. CEPS Policy Brief No. 191, 30 June , 2009.

[88] Iacoviello, M. and Neri, S. Housing Market Spillovers: Evidence from an Estimated DSGE Model [J]. American Economic Journal: Macroeconomics, 2010, 2 (2): 125 – 164.

[89] Issing O. The ECB's Monetary Policy Strategy: Why did we choose a two Pillar Approach [R]. 4th ECB Central Banking Conference, 2006.

[90] Jiménez, Gabriel, et al. Hazardous times for monetary policy: What do twenty - three million bank loans say about the effects of monetary policy on credit risk - taking [R]. Econometrica 82. 2 (2014): 463 – 505.

[91] Kannan P , Rabanal P , Scott A M. Monetary and Macroprudential Policy Rules in a Model with House Price Booms [J]. B. e. journal of Macroeconomics, 2012, 12 (1): 544 – 553.

[92] Karadi G P . A model of unconventional monetary policy [J]. Journal of Monetary Economics, 2011.

[93] Kim S, Mehrotra A N. Managing price and financial stability objectives – what can we learn from the Asia – Pacific region [R]. BIS Working Papers No. 533, 2015.

[94] Kim S, Mehrotra A. Effects of monetary and macroprudential policies – Evidence from four inflation targeting economies [J]. Journal of Money, Credit and Banking, 2018, 50 (5): 967 – 992.

[95] Kim S, Mehrotra A N. Examining macroprudential policy and its macroeconomic effects – some new evidence [R]. BIS Working Papers No. 825, 2019.

[96] Kopecky K J, VanHoose D. Bank Capital Requirements and the

Monetary Transmission Mechanism [J]. Journal of Macroeconomics, 2004, 26 (3).

[97] Korinek A, Simsek A. Liquidity Trapand Excessive Leverage [J]. The American Economic Review, 2016, 106 (3): 699 – 738.

[98] Kydland F E, Prescott E C. Dynamic optimal taxation, rational expectations and optimal control [J]. Journal of Economic Dynamics & Control, 1980, 2 (none): 79 – 91.

[99] Lowe P, Borio C. Asset prices, financial and monetary stability: exploring the nexus [J]. BIS Working Papers, 2002.

[100] Maddaloni, Angela, and José – Luis Peydró. Bank risk – taking, securitization, supervision, and low interest rates: Evidence from the Euro – area and the US lending standards [J]. the review of financial studies 24. 6 (2011): 2121 – 2165.

[101] Plosser, Charles. Two pillars of central banking: Monetary policy and financial stability. Opening Remarks at the PACB Convention [R]. Federal Reserve Bank of Philadelphia, 2007.

[102] Quint D, Mester L J. Monetary and Macroprudential Policy in an Estimated DSGE Model of the Euro Area [J]. International Journal of Central Banking, 2014.

[103] Scott M A, Rabanal M P, Kannan M P. Monetary and Macroprudential Policy Rules in a Model with House Price Booms [J]. IMF Working Papers, 2009.

[104] Shin, Hyun Song. Macroprudential tools, their limits and their connection with monetary policy. Panel remarks at IMF Spring Meeting event: Rethinking macro policy III: progress or confusion [R]. 15 April, 2015, Washington, DC.

[105] Svensson, Lars E. O. Inflation Targeting and Leaning against the Wind [J]. International Journal of Central Banking, 2014, 10 (2).

[106] Svensson, Lars E. O. Cost – benefit analysis of leaning against the wind [J]. Journal of Monetary Economics, 2017, 90: 193 – 213.

[107] Tanaka Misa. How Do Bank Capital and Capital Adequacy Regulation Affect the Monetary Transmission Mechanism [R]. CESifo Working Paper, No. 799, 2002.

[108] Van den Heuvel S. The Bank Capital Channel of Monetary Policy [R]. Meeting Papers 512, Society for Economic Dynamics, 2006.

[109] Van der Ghote A. Coordinating monetary and financial regulatory policies [R]. ECB Working Paper, 2155, 2018.

[110] Vinals J, Feichter J. The making of good supervision: Learning to say "No" [R]. IMF Staff Position Note SPN, 2010, 10/08.

[111] Woodford M . Inflation targeting and financial stability [J]. Working Paper Series, 2012.

[112] Yellen J. Monetary policy and financial stability. The 2014 Michel Camdessus Central Banking Lecture [J]. International Monetary Fund, 2014.

[113] Zhao, Hongyan. No speed – up in China's capital outflow in October [R]. Huatai research report, Nov 17, 2016.

后　记

中央银行自诞生以来，其职能不断演进。在 2008 年国际金融危机以前，不少央行的货币政策专注于稳定通胀，金融稳定职责更多由微观金融监管承担。国际金融危机促使央行和学界反思，金融体系顺周期性质与系统重要性金融机构“大而不能倒”特征所带来的金融风险无法通过传统的货币政策与微观审慎监管政策来完全化解。通过宏观经济调控中引入“第二支柱”宏观审慎政策，与货币政策相互补充，能够更好地服务实体经济和维护金融稳定，牢牢守住不发生系统性金融风险的底线，也有助于实现稳增长和防风险的长期均衡。

本书是中国金融论坛课题的成果之一。2018 年，由时任人民银行货币政策委员会秘书长温信祥和华泰证券首席经济学家陆挺共同担任课题主持人，人民银行工作人员与华泰证券研究人员共同组成课题组，就“构建货币政策和宏观审慎政策双支柱调控框架”展开研究，于 2018 年底顺利完成课题。2021 年，为扩大研究成果运用，课题组对部分内容进行了丰富和更新，由中国金融出版社出版。

温信祥博士和陆挺博士负责全书总体框架并最终审定全书。本书第一章由王立升，陆挺、张翔博士执笔，第二章由张蓓博士、付竞卉博士执笔，第三章由连飞博士执笔，第四章由郑雪茜、赵洪岩执笔，

第五章由温信祥博士、张双长博士执笔，张蓓博士和付竞卉博士负责统稿。感谢课题组每一位成员，在繁忙的工作之余，潜心研究，辛勤劳动！作者水平有限，本书难免有不当之处，不代表所在单位观点，敬请读者批评指正。

在本书出版过程中，中国金融出版社张驰主任和陈翎编辑提供了大力支持和帮助，特表示衷心感谢！